내 인생의 목적

하나님

김남준

생명의말씀사

김남준 현 안양대학교의 전신인 대한신학교 신학과를 야학으로 마치고, 총신대학교에서 목회학 석사와 신학 석사 학위를 받았으며, 신학 박사 과정에서 공부했다. 안양대학교와 현 백석대학교에서 전임 강사와 조교수를 지냈다. 1993년 열린교회(www.yullin.org)를 개척하여 담임하고 있으며, 현재 총신대학교 신학과 조교수로도 재직하고 있다. 저자는 영국 퓨리턴들의 설교와 목회 사역의 모본을 따르고자 노력해 왔으며, 아우구스티누스를 비롯한 보편교회의 신학과 칼빈, 오웬, 조나단 에드워즈와 17세기 개신교 정통주의 신학에 천착하면서 조국교회에 신학적 깊이가 있는 개혁교회 목회가 뿌리내리기를 갈망하며 섬기고 있다.

주요 저서로는 1997년도 기독교 출판문화상을 수상한 『예배의 감격에 빠져라』와 2003년도 기독교 출판문화상을 수상한 『거룩한 삶의 실천을 위한 마음지킴』, 2005년도 기독교 출판문화상을 수상한 『죄와 은혜의 지배』, 2015년도 기독교 출판문화상을 수상한 『가슴 시리도록 그립다, 가족』을 비롯하여 『깊이 읽는 주기도문』, 『인간과 잘 사는 것』, 『영원 안에서 나를 찾다』, 『교회와 그리스도의 남은 고난』, 『신학 공부, 나는 이렇게 해왔다 제I권』, 『기도 마스터』 등 다수가 있다.

내 인생의 목적 하나님

ⓒ 생명의말씀사 2016

2016년 12월 28일 1판 1쇄 발행
2021년 11월 30일   5쇄 발행

펴낸이 ｜ 김창영
펴낸곳 ｜ 생명의말씀사

등록 ｜ 1962. 1. 10. No.300-1962-1
주소 ｜ 서울시 종로구 경희궁1길 6 (03176)
전화 ｜ 02)738-6555(본사) · 02)3159-7979(영업)
팩스 ｜ 02)739-3824(본사) · 080-022-8585(영업)

지은이 ｜ 김남준

기획편집 ｜ 태현주, 김정주
디자인 ｜ 박소정, 조현진, 윤보람
인쇄 ｜ 영진문원
제본 ｜ 정문바인텍

ISBN 978-89-04-16579-7 (03230)

저작권자의 허락없이 이 책의 일부 또는 전체를
무단 복제, 전재, 발췌하면 저작권법에 의해 처벌을 받습니다.

내 인생의 목적

하나님

저자 서문

삶의 항해에서 중요한 것은 속도가 아니라 방향입니다

우리가 예수 그리스도를 믿고 구원을 받은 것은, 교회라는 큰 배에 올라 거룩한 삶을 위한 항해를 시작한 것이라고 말할 수 있습니다. 그 항해는 순풍에 돛 단 듯 흘러가는 때가 있는가 하면, 앞을 가늠할 수 없는 짙은 안개로 헤매는 때도 있습니다. 또한 배를 뒤집을 것 같은 거센 풍랑과 싸워야 하는 때도 있습니다.

그 항해의 과정 가운데에서 우리는 '나는 대체 왜 이 배에 올라타 이 고생을 하고 있는가?' 하며 후회하기도 할 것이며, 이전에 알지 못했던 새로운 세계를 지날 때면 '아! 이 배를 탈 수 있어서 정말 행복하다.' 라고 고백하기도 할 것입니다.

그 항해의 여정에서 많은 그리스도인들은 영적 멀미, 즉 기독교 신앙에 대한 회의를 경험합니다. 유난히 멀미를 심하게 하는 사람들의 특징은 바로 앞에 있는 파도를 바라본다는 것입니다. 멀미를 덜하려면 파도가 아닌 먼 경치, 수평선이나 배가 나아가는 방향을 바라보아야 합니다. 우리의 영적 항해도 마찬가지입니다.

 우리는 자신도 모르는 사이에 모든 시선을 이 땅에 집중하며 살아갑니다. 가정에서 일어나는 일들, 직장에서 일어나는 일들, 교회에서 일어나는 일들, 자신 안의 개인적인 일들에 우리의 모든 마음이 집중되고 자신의 모든 것을 거기에 쏟아붓습니다. 특별히 시련과 어려움, 고통스러운 일을 만나면 비상하리만치 그 일 자체에만 집중합니다. 그렇게 함으로써 그 어려움을 극복해 보려는 것이지만 실제로 우리의 삶의 사태가 흘러가는 것을 보면, 그렇게 자신의 문제에만 골몰하는 것은 전혀 도움이 되지 않을 때가 많습니다.

우리는 이 책에서 우리 인생의 목적이신 하나님에 대해서 함께 묵상해 갈 것입니다. 당장 눈앞에 있는 문제들, 이 세상에 매인 가치들만 바라보고 살아가는 사람들에게는 하나님의 위대하심과 하나님의 아름다운 성품들에 대한 이야기가 팔자 좋은 양반들이 풍월을 읊는 것처럼 들릴지도 모릅니다. 지금 당장 눈앞에 있는 문제들을 해결한 다음에야 하나님에 대해 생각할 수 있다고 말할지 모르겠습니다.

그러나 사랑하는 여러분! 오늘 우리의 삶이 형통할지라도 그 목표가 잘못 설정되어 있다면 그것은 사실상 불행입니다. 그리고 지금 우리의 삶이 고통스럽다고 할지라도 그것이 올바르게 설정되어 있다면 그것은 진정한 행복입니다. 왜냐하면 인생의 참된 가치는 단지 현재의 만족에 있는 것이 아니라 하나님 앞에서 의미를 찾아가는 데 있기 때문입니다.

인생의 가치는 '속도'가 아니라 '방향'입니다. 인생의 깊이는 '성취'가 아니라 '의미'입니다. 이것을 모를 때 신자들은 '어둠 속을 걷는 빛의 자녀들'이 되기 쉽습니다.

 이 책을 통해 독자들 중 몇 사람이라도 주님을 깊이 만나 인생의 참된 길을 찾을 수 있다면, 그리고 그 길을 걸어갈 힘을 얻는다면, 하나님께 영광을 돌리게 될 것입니다. 주님 홀로 높임을 받으시기를 바라며…….

2016년 12월
그리스도의 노예 김남준

목 차

저자 서문　삶의 항해에서 중요한 것은 속도가 아니라 방향입니다　　4
시작하는 글　살아 있음의 의미를 찾으셨습니까　　12

1부　하늘보다 높으신 하나님

1장　높고 위대하신 하나님　　23

세계의 시작, 하나님 ｜ 하나님에 관한 두 질문 ｜ 거룩하신 하나님 ｜ 드넓은 우주를 생각함 ｜ 영원을 생각함 ｜ 지성의 한계를 생각함 ｜ 살아 계신 하나님 ｜ 하나님을 아는 자의 복

2장　주는 나의 하나님　　39

하나님을 의존하도록 창조됨 ｜ 하나님과의 무한한 간격 ｜ 복음으로 부르심 ｜ 인격적인 신앙의 경험 ｜ 참된 기독교는 인격적인 신앙임 ｜ 신앙 : 사랑의 싸움

3장　우리를 사람으로 지으심은　　55

세상을 창조하심 ｜ 인간 : 하나님께서 만드심 ｜ 신자 : 그리스도께서 재창조하심 ｜ 선한 일을 위하여 지으심 ｜ 참사람이 됨으로써 ｜ 자신의 자리에서 ｜ 하나님께서 도우신다 ｜ 그 길을 걸어가도록

2부 우리를 구속하신 하나님

4장   우리를 구원하신 하나님   75

하나님을 떠난 인간 ｜ 인간에게 부여하신 영광 ｜ 나타난 하나님의 의 ｜ 구속의 의미 ｜ 십자가로 이루신 구속 ｜ 무엇으로부터의 구속인가 ｜ 생명과 사랑을 공급받으라

5장   그리스도의 지체로 삼으심   91

여자의 후손을 기다림 ｜ 교회를 세우심 ｜ 교회의 머리 : 예수 그리스도 ｜ 그리스도와의 원리적인 연합 ｜ 그리스도와의 실제적인 연합 ｜ 교회와 함께 완성되는 구원 ｜ 교회를 사랑하며

6장   교회의 지체로 자라감   107

교회의 확장과 성숙 ｜ 영적 성장의 필요성 ｜ 신자의 영적 성장 ｜ 그리스도를 닮아감 ｜ 영적 성장의 길 1 : 참된 생활을 함으로써 ｜ 영적 성장의 길 2 : 사랑 안에서 삶으로써 ｜ 교회를 통해 이루는 성장

7장   그리스도인은 누구인가   123

하나님 자녀의 정체 ｜ 택하신 족속 : 선택 ｜ 왕 같은 제사장 : 사명 ｜ 거룩한 나라 : 구별 ｜ 소유된 백성 : 사랑 ｜ 빛 가운데로 불러 주심 ｜ 기이한 덕을 선포케 하시려고 ｜ 전파하는 선교적 삶

3부 이기게 하시는 하나님

8장   선하신 하나님   143

선하심을 찬양함 | 선 : 창조 목적에 부합하는 상태 | 있는 선과 경험된 선 | 선을 경험하는 믿음 | 누가 선을 경험하는가 | 하나님의 선과 인간의 행복 | 참 행복에 이르도록

9장   목적이 있는 은혜   159

그리스도를 위한 은혜 | 자기 만족을 위한 은혜가 아님 | 교회를 위한 고난 | 세상을 위한 고난 | 삶으로 아멘하라 | 사랑하기에 고난받음 | 복음을 믿는다는 것 | 기뻐하라

10장   은혜로 승리하는 삶   175

사람으로 오신 예수님 | 대제사장이신 예수 그리스도 | 보좌 앞으로 나아가라 | 은혜를 받기 위하여 | 담대히 나아가라 | 그리스도로 인한 은혜

11장   미끄러진 자를 돌이키심   189

불붙는 하나님의 사랑 | 하나님을 아는 지식 | 기다리시는 하나님 | 주님의 얼굴을 구하기까지 | 고난을 사용하심 | 회개를 결단케 하심 | 하나님의 사랑을 발견함 | 하나님을 경험하는 삶

4부 우리의 사랑이신 하나님

12장   끊을 수 없는 하나님의 사랑　　　　　　　　　209
확신하는 한 가지 | 끊을 수 없는 사랑 | 하나님과의 관계를 생각하라 | 그 생명으로 살라 | 그 사랑으로 이기라 | 우리도 하나님을 사랑하며

13장   나의 기업이신 하나님　　　　　　　　　　　221
무너진 예루살렘 | 하나님의 성품을 회상함 | 신실하신 하나님 | 기업 사상 | 나의 기업이신 하나님 | 환경이 문제가 아니다

14장   내가 가장 사랑하는 나라　　　　　　　　　237
본향을 사모하며 | 죽음 이후의 인간 | 위로가 있는 나라 | 영생이 있는 나라 | 기쁨이 있는 나라 | 해방이 있는 나라 | 그리스도께서 계신 나라 | 성경 최대의 약속이 이루어지는 곳 | 그날을 기다리며

마치는 글　하나님께로부터 왔기에 그분을 향하여 살아갑니다　　250
주　　　　　　　　　　　　　　　　　　　　　　　　　254

시작하는 글

살아 있음의 의미를 찾으셨습니까

거대한 유조선이 망망대해 위에 떠 있습니다. 갑판의 넓이가 축구장 세 개보다도 넓은 큰 배입니다. 그 배 위에 서 있는 한 사람에게 남쪽으로 이동하라는 지시가 내려집니다. 그는 손목에 찬 나침판을 보며, 한 걸음씩 정확하게 남쪽으로 이동합니다. 그런데 그가 타고 있는 커다란 유조선은 이미 오래전부터 북쪽으로 힘찬 항해를 하고 있는 중이었습니다. 즉, 그 사람은 분명히 남쪽으로 움직이고 있지만, 사실 그는 북쪽으로 더 나아가고 있었습니다.

어느 군대가 치열한 전투 끝에 고지를 빼앗기고 후퇴합니다. 그러나 그 전투에서 졌어도, 그 군대가 그 전쟁에서 승리를 차지할 수 있습니다. 전쟁의 승리는 결정적이지 않은 몇 번의 전투에서 확정되는 것이 아니기 때문입니다.

순례자를 생각해 보십시오. 그는 넘어지기도 하고, 길을 잘못 들어 헤매

기도 합니다. 비록 돌아갈지언정, 그는 끝내 목적지에 도달합니다. 왜냐하면 순례자에게는 궁극적으로 도달해야 할 목적지가 분명하기 때문입니다. 그래서 그는 넘어졌다가도 일어나 다시 걷고, 갈 길을 잃었다가도 이내 다시 길을 찾습니다.

제가 오랜 세월 영혼들을 섬기면서 깨닫게 된 사실이 하나 있습니다. 그것은 구원의 경험이 분명한 신자들 가운데 너무나 많은 사람들이 자신의 삶 속에서 일어나는 일의 신앙적인 의미를 삶의 목적과 연관 짓지 못한다는 것입니다.

천지 창조의 목적과 구원의 계획, 그리스도의 거룩한 성품을 닮아감, 신자의 시련과 고난, 그리스도의 몸인 교회의 지체가 됨, 교회와 그리스도의 남은 고난에 참여함, 지역 교회를 넘어 보편교회의 일원으로 살아가는 우주적 소명 등에 대해 무지하기 때문에 주관적으로는 열심히 살고 있으나 그들의 삶은 하나님의 위대한 계획을 따르지 못합니다. 그들은 자신이 처한 현실적인 삶 그 이상의 큰 그림은 보려고도 하지 않고, 볼 줄도 모릅니다. 그저 살아 있으니 살 뿐입니다.

 물론 살아 있는 사람은 살아가야 합니다. 이것은 모든 인간의 현실적인 명제입니다. 그러나 이것은 단지 생존해 있는 것을 의미하는 것이 아닙니다. 여기서 '살아간다는 것'은 스스로 자기 인생의 주체가 되어, 자신의 존재 의미를 찾으며 자신의 삶을 영위해 가는 것을 말합니다. 그렇게 살지 못한다면 아무리 오래 살아도, 아무리 화려하게 살아도, 자신의 인생도 아니고 남의 인생도 아닌 모호한 삶을 산 것에 불과합니다. 하나님의 피조물로서의 복스러운 '나 됨'이 삶 속에 존귀하게 구현되는 삶이 아니면, 진정한 의미에서 인간의 삶이라고 할 수 없습니다.

그렇다면 우리가 어떻게 해야 단지 생존해 있는 것을 넘어 인간답게 살아갈 수 있을까요? 답은 이것입니다. 우리는 하나님을 우리 인생의 목적으로 두고 살아가야 합니다. 인간은 처음부터 하나님을 향하여 살도록 창조되었기 때문입니다. 이러한 삶을 위해 절실하게 필요한 것은 두 가지, 인생에 대한 지식과 그 지식을 따라 살 수 있는 힘입니다. 즉, 인간에 대한 하나님의 계획을 아는 지식과 그 계획을 우리의 삶을 통해 성취해 나갈 능력이 우리에게 요구되는 것입니다. 이 두 가지가 없이는 그 누구도 자유인으로 자신의 인생을 인간답게 살아갈 수 없습니다.

이 책은 "우리의 인생의 목적은 하나님이시다."라는 명제 아래 천지 창조로부터 그리스도의 구속과 교회의 지체 됨, 은혜 생활과 영혼의 미끄러짐, 침체로부터의 회복과 신자의 죽음과 종말, 나아가 천국에서의 삶에 이르기까지 모든 구원 계획의 전개 속에서 신자의 실제 삶이 어떻게 하나님과 연결되는지를 보여줍니다.

　지금도 이 연속 설교가 선포되던 때, 빛나던 성도들의 눈빛을 기억합니다. 그 눈빛은 목마른 외침으로 제 마음에 아로새겨져 있습니다. "우리는 참으로 인간답게 살고 싶습니다."

　그리스도인으로서 그리스도인답게 살아가는 일이 버겁기만 하십니까?
　살아 있는 것이 감격스럽지도, 행복하지도 않으십니까?
　눈을 들어 크고 위대하시고 아름다우신 하나님을 바라보십시오. 전능하신 하나님께서 이 세상에 존재하는 모든 불의와 고통까지 사용하셔서, 당신의 위대한 계획을 이루어 가시는 것을 보십시오. 당장 코앞에 닥친 많은 일들, 회피하고 싶기만 한 어려운 현실들도 우리가 직면해서 헤쳐 나가야 할 우리 몫의 삶이지만, 하나님의 위대하심과 하나님의 아름다운 성품을 경험적으로 알아 나가는 것도 우리가 사람답게 살아가기 위해 절대적으로 필요한 우리 몫의 삶입니다.

진실로 우리의 살아 있음을 가치 있게 해주는 진리, 답답한 우리의 가슴을 시원하게 해주는 진리, 우리의 시야를 넓혀 주고 밝혀 주는 진리, 삶에 지친 우리의 어깨를 붙들어 저 하늘을 향해 날아가게 해주는 진리는 바로 하나님에 대한 지식입니다.

이제 하나님을 바라보십시오. 하나님을 향해 "우리는 참으로 인간답게 살고 싶습니다."라고 외쳐 보십시오. 하나님께서 직접 은혜의 문을 열고, 여러분에게 하나님을 향해 살아갈 수 있는 지식과 힘을 공급해 주실 것입니다.

1부
하늘보다 높으신
하나님

1세기 말 무렵의 일입니다. 당시 그리스도인을 향한 트라야누스(Marcus Ulpius Nerva Traianus, 53-117) 황제의 박해로 많은 사람들이 순교하였습니다. 이때 안디옥의 감독이었던 이그나티우스(Ignatius, 35경-108경)도 예수 그리스도에 대해 가르친다는 이유로 체포되어, 사형을 언도받게 됩니다. 이그나티우스는 로마의 원형 경기장에서 야수들의 먹이로 던져지기 위해 로마로 압송되는데, 평소 그의 고매한 인품과 덕성을 존경하던 많은 사람들이 그를 구명하기 위해 탄원서를 내고 구출할 계획을 세웁니다.

이에 이그나티우스는 로마로 끌려가는 와중에 로마 교인들을 향해 다음과 같은 편지를 써서 보냅니다. "여러분이 막지 않는다면 저는 하나님을 위해 기쁘게 죽을 것입니다. 이 좋지 않은 상황에서 저를 향한 여러분의 사랑이 보이지 않기를 간절히 바랍니다. 제가 야수들의 먹이가 되도록 내버려 두십시오. 그 야수들을 통해 저는 하나님께로 갈 것입니다. 저는 하나님의 밀알입니다. 야수의 이빨에 가루가 됨으로써 저는 그리스도의 순전한 떡으로 마칠 것입니다."[1]

우리는 이그나티우스에게서 자신이 가진 최선의 것, 자신이 가진 모든 것을 드려 섬겨도 아깝지 않은 사랑을 봅니다. 크고 높으시고 존귀하신 하나님께, 나의 생사화복을 뛰어넘어 헌신하고자 하는 간절한 열망을 봅니다.

요동치는 인생의 바다에서 여러분의 마음은 어디에 고정되어 있습니까? 우리 하나님입니까? 요동치는 이 세상입니까?

하나님은 하늘보다 높으신 만유의 주(主)십니다. 짧은 눈으로 보면 이 세상에는 억울하고 고통스러운 일만 가득하고 이 세상의 질서는 모두 망가져 버린 것만 같지만, 하늘보다 높으신 하나님께서는 그 모든 세계 위에서 만물을 내려다보시고 감찰하십니다. 그리고 궁극적으로 그 모든 것들을 하나님께서 원하시는 질서대로 움직여 가십니다. 그래서 믿음이 있는 사람들은 출렁거리고 요동치는 이 세상에 살지만, 그 시선을 변함없으신 하나님께 고정합니다. 그러나 하늘보다 높으신 주님을 모르는 사람들은 끊임없이 요동치는 이 세상에 의해 출렁거리며 평강도 없고, 만족도 없는 방황뿐인 인생을 살아갑니다.

인간이란 무엇일까요? 또 어디로 가는 존재일까요? 이 질문은 인간이 역사 속에서 끊임없이 던져 온 것입니다. 모든 사상과 학문, 심지어 예술까지도 이 질문에 대한 답을 찾기 위한 또 다른 몸부림이었습니다. 이 두 질문 안에는 '인간이 어떻게 살아야 진정으로 행복한 삶을 살 수 있는가?'와 '그 행복이 참으로 의미 있는 행복이 되기 위해서 인간은 어떠한 존재가 되어야 하는가?'라는 고민이 포함되어 있습니다. 그러나 이 고민들은 인간이 어디로부터 왔는지에 대한 분명한 답을 찾지 못하고서는 해결될 수 없는 것들입니다.

1장
높고 위대하신 하나님

태초에 하나님이 천지를 창조하시니라

창 1:1

세계의 시작, 하나님

창세기 1장 1절은 구약성경의 시작일 뿐만 아니라 성경 계시 전체의 시작입니다. 또한 이 모든 세계의 시초와 인류 역사의 시작이기도 합니다. "태초에 하나님이 천지를 창조하시니라"(창 1:1). 성경은 하나님의 존재를 인간에게 설득하려고 애쓰는 대신 성경 첫 자리에 하나님의 계심과 그분이 이 세계의 존재 원인임을 선포합니다.

이 위대한 선언에서 우리는 최소한 다음 세 가지 사실을 발견할 수 있습니다. 하나님께서 존재하신다는 것, 이 모든 세계가 그분에 의해 창조되었다는 것, 하나님께서는 창조된 세계를 향한 어떠한 뜻을 갖고 계신다는 것입니다.

오늘날은 하나님을 마치 친구처럼 생각하고 농담의 소재로도 삼는 시대입니다. 그러나 이것은 매우 불경스러운 일입니다. 만약 구약 시대였다면 마땅히 돌로 침을 당했을 것입니다. 이 정도까지는 아니더라도 많은 사람들이 하나님을 자신의 인생에서 일어나는 어려운 일을 뒤치다꺼리해 주시는 분, 마음씨 좋은 친정어머니 같은 분, 혹은 대단하긴 하지만 나와는 상관없는 분 등으로 생각합니다. 그러나 이것은 성경이 우리에게 보여주는 하나님에 대한 올바른 상(像)이 아닙니다. 그렇다면 하나님께서는 어떤 분이실까요? 이와 관련해서 우리는 하나님에 관한 두 질문을 생각해 볼 수 있습니다.[2]

하나님에 관한 두 질문

첫 번째 질문은 '하나님은 어떤 존재이신가?' 하는 것입니다. 하나님께서는 초월적인 분이십니다. 그분은 온 세상 만물을 지으셨지만 그 모든 만물을 초월하여 계십니다. 그래서 인간을 비롯한 모든 피조물의 존재를 하나님과 비교할 수 없습니다. 하나님의 초월적인 탁월하심 앞에 설 때면 인간은 자신이 얼마나 아무것도 아닌 존재인지를 알게 됩니다. 뿐만 아니라 하나님의 초월성은 하나님을 향한 무한한 두려움을 불러일으켜 인간으로 하여금 그분 앞에 부복하게 합니다(사 6:5).

과학이 발달하여 인간이 하는 많은 일을 대신할 수 있는 로봇을 만들었다고 상상해 보십시오. 그 로봇이 아무리 인간과 흡사하다고 할지라도 로봇을 만든 제작자와 동급이 되는 법은 없습니다. 오히려 뛰어난 로봇은 그것을 개발하고 만들어 낸 제작자의 능력을 더 높게 평가하게 할 뿐입니다. 이처럼 우리가 이 세계에서 어떤 위대함을 발견하고, 인간에게서 어떤 천재적인 특성을 발견한다면, 그것은 그러한 세계와 인간을 만드신 하나님께서 우리가 생각하는 것보다 훨씬 더 뛰어난 분이심을 알게 하는 계기가 됩니다.

하나님과 피조물은 서로가 서로에 대해 전적인 타자(the wholly Other)입니다. 하나님께서는 이 세상 모든 것들을 지으셨지만 결코 피조세계의 일부분이 될 수 없습니다. 그리고 피조물 역시 하나님의 일부가 될 수 없습니다. 이것이 바로 하나님의 타자성, 곧 어떤 피조물과도 비교될 수 없는 하나님의 초월성입니다.

두 번째 질문은 '하나님은 누구이신가?' 하는 것입니다. 이것은 하나님께서 어떤 성품을 지닌 분이신지를 묻는 질문입니다. 그런데 하나님의 성품의 빛은 하나님과 피조물들과의 관계에서 찬란하게 드러나기 때문에 이 질문은 하나님과 피조물들과의 내재적인 관계성을 묻는 질문이라고 볼 수 있습니다.

하나님께서는 모든 사물 위에 초월하여 계시기에 물질세계와 섞일 수 없습니다. 하지만 하나님께서는 이 모든 세계와 관계를 맺고 계십니다. 특별히 인간과 관계를 맺는 것에서 하나님의 성품은 눈부시게 드러나 하나님께서 어떤 성품을 지닌 분이신지를 보여줍니다. 비참에 처한 자에게는 긍휼히 여기시는 성품을, 고통받는 자에게는 위로의 성품을 보여주십니다. 악을 행하고 돌이키지 않는 자에게는 정의로움을, 유한한 인간에게는 영원하신 성품을, 끊임없이 변덕스러운 인간에게는 신실성을 보여주십니다.

거룩하신 하나님

이 두 가지 질문에 대한 답들은 하나로 통합되어 거룩하신 하나님을 우리에게 제시합니다. 하나님께서는 온 땅과 모든 만물 위에 지극히 탁월하셔서 어느 곳에서도 피조물과 구별되지만, 오히려 그렇기 때문에 모든 피조물은 그분 안에 있을 수밖에 없습니다. 이러한 하나님의 거룩하심은 존재적 초월성과 도덕적 완전성으로 나누어 설명할 수 있습니다.[3]

첫째로, 하나님의 존재적 초월성은 하나님과 인간 사이의 존재적 격차를 깨닫게 합니다(시 148:13). 하나님께서는 온 땅과 만물 위에 높이 계셔서 모든 피조물과 비교될 수 없습니다. 그래서 인간은 하나님을 만날 때 하나님과 자신 사이의 무한한 존재적 격차를 느끼게 됩니다. 그때 그는 자신이 얼마나 하찮은 존재인지, 얼마나 가치 없는 존재인지를 깨닫게 됩니다. 인간은 하나님의 절대적인 위대하심 앞에서 자신이 아무것도 아니라는 사실을 깨닫게 되는 것입니다. 이런 존재적인 격차는 인간에게 무한한 두려움을 불러일으켜 그를 주님 앞에 엎드리게 합니다. 이것이 바로 하나님을 향한 경외심을 불러일으키는 첫 번째 요소입니다.

둘째로, 하나님의 도덕적 완전성은 하나님과 인간 사이의 도덕적 격차를 느끼게 합니다. 무한히 완전하신 하나님의 성품은 도덕적 성품(의로움, 사랑, 진실함 등)에 있어서 완전성으로 나타납니다. 하나님의 도덕적 완전성을 발견하게 될 때면 인간은 자신이 얼마나 더러운 죄인인지를 알게 됩니다. 자신도 의롭게 살려고 애썼고, 다른 사람에게 사랑을 베풀며 살아왔지만 도덕적으로 완전하신 하나님을 만날 때 그는 자신이 행한 선은 선한 것이라고 말할 수 없음을 알게 됩니다.

그때 그는 자신이 하나님의 사랑과 자비를 덧입지 않고는 살 수 없는 존재임을 깨닫고 하나님께 회개하고 용서를 구하게 되는데, 이것이 바로 십자가에서 이루신 그리스도의 공로를 의지하는 것으로 나타납니다. 십자가에서 나타난 구원을 통해 하나님의 용서를 받은 사람은 하나님을 사랑하게 됩니다. 이것이 바로 하나님을 향한 경외심을 불러일으키는 두 번째 요소입니다.

떨리는 두려움과 이끌리는 사랑으로 하나님 앞에 서 있는 사람들, 곧 하나님의 거룩하심을 아는 사람들이 경건한 성도들입니다.

드넓은 우주를 생각함

이렇게 거룩하신 하나님께서 온 세계를 창조하셨습니다. 하나님께서 창조하신 이 세계는 우리들이 발을 딛고 서 있는 지구뿐만 아니라 하늘과 우주 모두를 아우르는 가장 넓은 의미의 피조세계를 말합니다. 하나님 이외에 존재하는 모든 것을 성경은 천지라고 표현합니다(창 1:1).

드넓은 우주의 크기를 생각해 보십시오. 엄청난 크기의 우주 앞에 인간은 얼마나 미약한 존재인지요?

과학자들에게는 우주의 크기를 재는 몇 가지 방법이 있습니다.[4] 여러 수치들이 계산되어 나오지만, 어떤 학자들은 우주 한쪽 끝에서 다른 쪽 끝까지의 거리를 대략 940억 광년까지 제시합니다. 1광년은 빛이 1년을 달려간 거리로, 빛은 1년 동안 약 10조km를 갈 수 있다고 합니다. 이 빛이 940억 년을 달려가야 우주의 끝에 이를 수 있다고 하니 수학적인 계산이 무색할 만큼 인간의 상상을 넘어서는 거리입니다.

또한 우주는 어마어마한 크기 못지않게 엄청난 에너지를 갖고 있는 공간입니다. 100만 광년당 초속 25km씩 우주가 팽창되고 있다고 하니, 우주 밖에 또 무엇이 있기에 확장된다는 것이며 그렇게 확장될 때 줄어드는 것은 무엇이고 그것이 공간이 아니라면 도대체 우주 밖은 어디이며 그것은 또 무엇으로 이루어져 있다는 것일까요? 이 문제에 대한 분명한 답을 줄 수 있는 사람은 아무도 없습니다.

우리의 눈을 돌려 우리가 살고 있는 이 세계로 돌아와 봅시다. 우리가 살고 있는 지구는 태양계에 속해 있고, 태양계는 우리 은하계에 속해 있습니다. 우리 은하계는 수천억 개의 항성들로 이루어져 있는데, 칼 세이건(Carl Sagan, 1934-1996)의 설명에 의하면 행성까지 포함하면 수조 개의 별들로 이루어진 집단이 바로 우리 은하계라고 합니다.

우리 은하계는 지름이 약 10만 광년, 중심부의 두께가 약 15,000광년인 별들의 무리입니다. 이 어마어마한 별의 군단은 그 중심으로부터 거리에 따라 차등을 두며 서로 다른 속도로 회전하는데, 태양은 궤적 속도가 초속 220km이니 약 2억 5,000만 년마다 한 바퀴씩 회전을 하는 셈입니다. 이 수많은 별들이 우주 공간 속에서 각자의 속도와 위치를 지키며 조금의 오차도 없이 조화롭게 비행하는 것입니다.

타원형의 쟁반처럼 생긴 우리 은하계는 네 개의 팔이 달린 로봇처럼 움직이고 있고, 태양은 그 중심부에서 약 26,000광년 떨어진 곳에 있습니다. 그리고 태양을 중심으로 여덟 개 내지 아홉 개의 행성들이 돌고 있고, 그중 세 번째 별이 지구입니다. 이곳이 우리들이 살고 있는 곳입니다.[5]

우리는 과연 누구입니까? 어마어마하게 큰 우주의 수천 억 개 은하 중 하나, 그 은하의 수많은 항성계 중 하나, 그 항성계의 행성들 가운데 세 번째 행성, 그 행성에서도 아시아라는 지역의 아주 작은 나라, 그 나라의 한 곳에서 예배드리고 있는 사람이 바로 우리입니다.

영원을 생각함

어마어마한 크기의 공간에 대한 사유를 시간에 확장하면, 우리는 영원의 세계에 눈뜨게 됩니다.

파리와 하루살이가 놀다가 헤어지면서 파리가 말했습니다. "내일 만나서 놀자." 하루살이는 집으로 돌아가면서 내일이 무엇인지 생각하였지만 알 수 없었습니다. 파리와 매미가 놀다가 헤어지면서 매미가 말했습니다. "다음 주에 만나자." 일주일 남짓 사는 파리는 집으로 돌아가서 다음 주가 무엇인지를 탐구하였지만 수명이 다할 때까지 그 의미를 깨닫지 못했습니다. 매미와 참새가 놀다가 참새가 말했습니다. "매미야, 다음 달에 만나자." 그러나 매미는 다음 달의 의미를 알 수 없었습니다.

인간이 오래 산다고 해봐야 100년입니다. 그러나 이것도 영원의 관점에서 보면 찰나에 지나지 않습니다. 무한한 우주의 영원한 시간의 흐름 안에서 생각할 때, 여러분이 100년을 살다 죽는 것이 한 모금의 구강 세정제로 죽는 입 안의 세균의 수명과 다를 바가 무엇이겠습니까?

이렇게 끝없는 공간과 시간이 하나님에 의해 만들어졌습니다. 하나님께서는 여러 번 실험하고 도전한 끝에 겨우 창조하신 것이 아니라 말씀 한마디로 만드셨습니다. 그리고 지금도 이 모든 세계를 붙들고 계십니다. 그분은 우리가 예배드릴 때 우리의 예배를 받으시고, 우리가 어둠을 헤맬 때 우리와 함께하는 분이십니다. 또한 우리의 작은 신음에도 응답하는 분이며 우리가 아파할 때 함께 아파하는 우리의 아버지이십니다.

"태초에 하나님이 천지를 창조하시니라 그 땅이 혼돈하고 공허하며 흑암이 깊은 위에 있고 하나님의 영은 수면 위에 운행하시니라 하나님이 이르시되 빛이 있으라 하시니 빛이 있었고"(창 1:1-3).

지성의 한계를 생각함

우리가 온 우주에 가득 찬 하나님의 존재의 증거를 온전히 깨닫지 못하는 것은 인간 지성의 한계 때문입니다. 지성의 한계 때문에 많은 사람들은 하나님께서 살아 계시고, 이 모든 세계가 그분으로부터 창조된 것을 모릅니다. 왜냐하면 인간의 지성은 이 세계에 익숙해질수록 익숙해진 방식으로 하나님의 존재를 찾으려고 하기 때문입니다.[6]

어떤 부부가 있었습니다. 아내는 남편을 극진히 사랑했고 남편도 아내가 자신을 사랑하는 것을 잘 알고 있었습니다. 그래서 늘 이렇게 말했습니다. "내 아내는 나밖에 몰라. 내 아내의 마음속에는 나를 향한 사랑밖에 없어." 그런데 어느 날 아내가 세상을 떠났습니다. 이때 남편이 자기를 향한 아내의 사랑을 찾기 위해 아내의 시신을 해부해서 심장을 더듬고 허파를 뒤적이면서 "나를 향한 사랑이 어디 있나, 나를 향한 사랑이 없지 않는가!"라고 한다면 누가 그의 그러한 탐구에 동의하겠습니까?

사랑은 콩팥이나 쓸개, 간이나 허파와 같은 방식으로 존재하는 것이 아니기 때문입니다. 그러므로 우리는 사랑이란 장기가 존재하지 않아도 그가 나를 사랑한다는 것을 알 수 있고, 우리의 눈에 보이지 않아도 사랑을 느낄 수 있는 것입니다.

정신의 세계와 물질의 세계는 밀접한 연관을 가지고 있지만 물질을 찾는 방법으로는 정신을 찾을 수 없습니다. 그런데 하나님께서는 이 정신을 능가하는 분이십니다. 그렇기 때문에 이 세상의 물건을 찾는 방식으로 하나님을 찾으려고 한다면 그것은 그의 어리석음을 드러낼 뿐입니다.

이런 사실을 알지 못하기 때문에 많은 사람들은 하나님의 존재를 믿지 않습니다. 믿지 않기 때문에 그분이 자신과 어떤 관계에 있는지를 생각하지 않습니다. 그분과의 관계를 생각하지 않기에 그분의 성품을 알려고 하지 않고, 그분의 성품에 대한 지식이 없기 때문에 자신의 인생을 그분께 맡기지 못합니다. 그래서 자신의 힘으로 자신의 인생을 감당하려 하지만 그 일은 좀처럼 쉽지 않습니다.

인생의 모든 고통은 하나님에 대한 무지에서 비롯됩니다. 문제는 이 세상에서 발생하지만 그에 대한 답은 하늘에 있습니다. 땅은 우리에게 끊임없이 질문을 던지지만 그 어느 것도 궁극적인 해답을 주지 않습니다. 궁극적인 해답은 하나님께 있고, 영원한 세계에 있습니다. 이 모든 것이 하나님께로부터 왔기 때문입니다.

살아 계신 하나님

체스터턴(Gilbert Keith Chesterton, 1874-1936)은 이 세계의 모든 사물은 마치 난파선에서 쏟아진 보물과 같다고 말하였습니다.[7] 수백 년 혹은 수천 년 전에 난파된 보물선이 발견됩니다. 그 보물들은 오랜 세월 동안 개펄 속에, 바다 속에 나뒹굴고 있었습니다. 이제 사람들이 그 유물을 끌어올린 후 역사학자들과 과학자들의 도움을 받으며 그것들이 언제, 무엇을 위하여, 어떻게 만들어졌는지를 연구합니다. 그럼으로써 수백 년, 수천 년 전의 생활과 풍습, 문명과 기술의 정도를 추측하여 사라져 버린 그 세계를 우리의 마음속에 복원합니다.

이 세계는 하나님께서 살아 계시다는 증거의 파편들로 가득합니다. 하나, 하나를 찾을 때는 무엇인지 모르지만 또 다른 것들과 서로 연결을 짓고 성경의 진리로 해석할 때 이 모든 세계는 하나님의 존재에 대한 저항할 수 없는 우렁찬 증거들로 가득합니다. 날은 날에게 말하고, 밤은 밤에게 말하기 때문에 언어가 없고 들리는 소리는 없어도 하나님께서 살아 계시다는 소리가 온 우주에 가득합니다(시 19:1-4). 하나님께서 자기들을 창조하셨다는 사실을 소리치고 있는 것입니다.

온 땅과 만물 위에 지극히 높으신 하나님, 인류 역사에 존재했던 모든 왕들과 황제들의 위엄을 합한다고 할지라도 그분의 발아래 먼지만도 못할 그런 위엄과 탁월한 영광의 하나님께서 존재하십니다. 그렇지만 그분의 존재하심은 우리와 상관없는 존재하심이 아닙니다. 하나님께서는 창조세계와 깊이 관계를 맺고 계시기 때문입니다. 특별히 인간의 세계를 경륜하며, 어떤 목적을 향하여 인도하시는 분입니다.

그래서 하나님께서는 여러분의 모든 삶에 관심을 갖고 계십니다. 여러분이 독신으로 살아야 할지, 결혼을 해야 할지에 대해서도 분명한 뜻을 갖고 계십니다. 여러분의 자녀가 사립학교에 가야 할지, 공립학교에 가야 할지에 대해서도 하나님께서는 뜻을 갖고 계십니다. 어떤 일로 하나님과 이웃을 섬기며 살아야 할지에 대해서도 하나님께서는 당신의 경륜 속에서 여러분에게 부여된 뜻을 갖고 계십니다. 여러분이 경험하는 수많은 사람들과의 만남들, 그 안에서 누리는 희로애락과 한숨까지도 알고 계시며 여러분이 당하는 고통과 괴로움, 어둠 속에서 내뱉는 작은 신음에도 귀를 기울이는 분이십니다(출 6:5).

그러므로 여러분의 가장 큰 의무는 하나님을 아는 것입니다(호 6:3). 그리고 여러분이 회개해야 할 가장 큰 잘못은 하나님 알기를 게을리한 것입니다. 이 땅의 것들이 여러분을 행복하게 하는 것이 아니라 이 세계를 초월하시는 하나님과 맺은 관계가 여러분을 행복하게 하기에 하나님을 알기 위해 애쓰고 노력하십시오. 하나님께서 어떤 분이신지를 하나씩 알아가면서 그분을 닮아가는 것, 그것이 성도의 참된 복입니다.

하나님을 아는 자의 복

성경을 보면 탁월한 열정과 열심을 가졌던 사람들이 있습니다(히 11:4-38). 그들은 어두운 시대에 하나님의 진리의 말씀을 외쳤습니다. 다른 사람들로부터 따돌림을 받아 외톨이가 되면서도 그들은 하나님 편에 섰습니다. 사람들로부터 오는 도움과 위로를 구하는 대신 전능하신 하나님 한 분만을 바라보며 그분께 충성하였습니다.

환경과 상황이 그들을 도와주지 않아도 그들은 의연하게 서서 어두운 시대를 헤쳐 나갔습니다. 자신이 옳다고 믿는 바를 따라 목숨을 버렸으며 자신의 사역을 완수하기 위해 모든 것을 바쳤습니다. 그들은 세상이 감당하지 못하는 사람들이었습니다.

그들의 공통점은 하나님을 아는 지식을 소유한 사람들이었다는 것입니다. 주님을 아는 지식이 그들로 하여금 세상의 명예를 초개처럼 버리게 하였습니다. 주님을 아는 지식이 이 세상에서의 영광과 즐거움을 하찮은 것으로 여기게 하였습니다. 하나님을 아는 참된 지식이 야비한 시대에 성결한 삶을 살아가도록 하였습니다. 하나님을 아는 지식이 번영하는 시대에 망가지는 하나님의 나라를 바라보며 통곡하게 하였고, 하나님을 아는 지식이 모든 사람이 절망하는 시대에 살아 계셔서 역사하시는 하나님을 바라보며 낙관하게 하였습니다.

여러분의 삶의 질은 하나님을 아는 지식에 달려 있습니다. 하나님이 누구인지 아는 지식이 여러분 속에서 열렬히 살아 역사해서, 여러분으로 하여금 그 지식에 합당한 삶을 살게 하기 때문입니다.

그때 우리는 발견할 것입니다. 사람들 보기에는 허접하고 아무것도 아닌 것 같은 나의 인생이 하나님으로 인하여 가치 있게 되며, 나의 존재가 존귀해진다는 것을 말입니다(사 43:4). 그분으로 인하여 우리의 삶은 하늘의 별처럼 빛날 것이며 만족으로 가득 찰 것입니다. 이 세상에 가득 찬 하나님을 아는 지식을 바라볼 때 우리는 사람다운 사람이 되어 가며, 그분 안에서 우리는 우리의 삶을 주체적으로 살 수 있게 됩니다.

그때 우리는 우리를 창조하신 하나님, 우리를 구속하시고 또 지금도 이끌고 계시는 그분 안에서 인간으로서의 참 행복을 누릴 것입니다. "하나님께 가까이함이 내게 복이라 내가 주 여호와를 나의 피난처로 삼아 주의 모든 행적을 전파하리이다"(시 73:28).

한눈에 보는 1장 높고 위대하신 하나님

창조주 하나님
하나님께서는 온 땅과 만물 위에 지극히 탁월하셔서 어떤 피조물과도 구별됩니다. 그렇지만 오히려 그렇기 때문에 모든 피조물은 하나님의 존재를 벗어날 수 없습니다. 그렇게 거룩하신 하나님께서 모든 공간과 시간을 말씀 한마디로 만드셨습니다. 그리고 지금도 그것들을 붙들고 계시며 당신의 어떠한 목적을 향해 운행하시는 분이십니다.

인간 지성의 한계
우리가 온 우주에 가득 찬 하나님의 존재의 증거를 온전히 깨닫지 못하는 것은 인간 지성의 한계 때문입니다. 이 세상에는 인간의 이성만으로 파악 불가능한 영역이 있습니다. 이러한 영역은 성경을 통한 믿음으로써 우리에게 알려집니다.

하나님을 아는 것
하나님께서는 위대하시지만 인간은 미천한 피조물일 뿐입니다. 그렇지만 하나님의 계심은 인간과 상관없는 존재하심이 아닙니다. 하나님께서는 창조세계와 깊이 관계를 맺고 계시기 때문입니다. 특별히 인간의 세계를 경륜하시며 어떤 목적을 향하여 인도하시는 분이십니다. 그래서 하나님께서는 우리 각자의 모든 삶에 관심을 갖고 계십니다. 우리가 경험하는 모든 것들을 알고 계시며 우리 각자를 향해 어떠한 뜻을 갖고 계십니다. 그러므로 우리의 가장 큰 의무는 하나님을 아는 것입니다.

나눔 1. 창세기 1장 1절은 '나'를 중심으로 살아가는 일에 익숙한 우리에게 모든 것의 주인이자 모든 일의 주관자이신 '하나님'을 생각하게 합니다. 인생을 바라보는 자신의 시야가 나와 가족의 행복과 번영에만 매여 있지 않은지 돌아봅시다. 그리고 삶에서 창조주 하나님을 인정할 수밖에 없었던 경험이 있다면 나누어 봅시다.

나눔 2. 무한한 크기의 우주와 인간이 가늠할 수 없는 시간의 길이 앞에서 인간은 아무것도 아닌 것 같습니다. 그렇다면 인간의 가치는 어디에서 찾을 수 있을까요?

나눔 3. 인간의 가장 큰 의무는 하나님을 아는 것입니다. 하나님을 아는 지식은 신약 시대에 들어와 그리스도를 아는 지식으로 신학적인 전환을 이룹니다. 즉, 예수 그리스도를 아는 것이 곧 하나님을 아는 것이 된다는 것입니다. 그렇다면 우리가 어떻게 그리스도를 알 수 있을까요? 자신의 신앙생활 중 예수님을 인격적으로 알게 된 경험이 있다면 나누어 봅시다.

시인은 하나님이 높고 위대하신 분임을 알았습니다. 그런데 마치 자신이 일상적으로 마주하는 가족을 부르듯 '나의 하나님'이라고 말하고 있습니다. 그러면 위대하신 하나님을 '나의 하나님'으로 부를 수 있도록 하는 연결 고리는 무엇일까요? 그것은 다름 아닌 '신앙'입니다. 모든 만물 위에 뛰어난 위대하신 하나님과 비천한 인간을 관계 맺게 해주는 것이 '신앙'입니다. 하나님이 아무리 위대하고 사랑이 많다고 하더라도 개인적으로 하나님을 깊이 경험하는 시간이 없으면 자신과 아무런 상관이 없는 것입니다. 기독교 신앙의 관건은 티끌 같은 미물인 인간이 온 우주를 창조하신 하나님과 어떻게 관계를 맺으며, 그분과 어떻게 동행하며 살아가느냐입니다.

2장
주는 나의 하나님

주는 나의 하나님이시라 내가 주께 감사하리이다
주는 나의 하나님이시라 내가 주를 높이리이다
시 118:28

하나님을 의존하도록 창조됨

하나님께서는 거대한 공간과 시간을 창조하셨습니다. 그러나 우주의 가장 거대한 별이라고 할지라도, 어마어마한 시간을 견디어 낸 그 무엇이라고 할지라도 그것이 할 수 없는 일을 인간에게 맡기셨습니다. 그것은 바로 하나님을 사랑하며 하나님과 가족 관계를 누리는 것입니다.

그러므로 하나님께서 창조하신 모든 만물 중 최고의 걸작품은 인간입니다. 인간이 있음으로 이 세계는 더욱 빛나고, 창조주 하나님은 인간들에게 인정을 받습니다. 또한 하나님께서 창조하신 모든 사물들 중 창조주의 뜻을 이해하고 그 질서대로 다스리고 가꿀 수 있는 피조물도 오직 인간뿐입니다(창 1:28). 그러나 인간이 하나님을 떠나 그 일을 할 수 있는 것은 아닙니다.

성경은 인간을 양에 비유합니다. 하나님께서는 이스라엘을 당신의 양 떼로 부르셨습니다(겔 34:8). 예수님께서도 자신을 따르는 사람들을 양이라 하셨고, 하나님을 믿지 않는 불신자까지도 우리 밖에 있는 나의 양이라 하셨습니다(요 10:1-16). 모든 인류를 양 떼로 보셨던 것입니다. 그렇다면 왜 인간을 양에 비유하셨을까요?[8]

하나님께서 창조하신 동물들에게는 각각 자신을 보호할 수 있는 것들이 있습니다. 날카로운 이빨이나 재빠른 다리, 혹은 강력한 뿔이나 커다란 몸집 등은 적으로부터 자신의 생명을 보호하는 훌륭한 조건입니다.

그러나 양은 아무것도 없습니다. 빠른 다리가 있는 것도 아니고, 날카로운 이빨은 더더욱 없습니다. 뿔이 있긴 하지만 그것으로는 상대방을 받아 버릴 수 없습니다. 이러한 사실이 보여주는 것은 양은 처음 창조될 때부터 인간 가까이에서, 인간의 돌봄을 받으면서 살도록 창조되었다는 것입니다.

인간도 이와 같습니다. 인간은 처음 만들어질 때부터 하나님을 전적으로 의지하며 살도록 만들어진 존재입니다.

그래서 기독교 신앙의 가장 탁월한 목적은 하나님을 위해 위대한 일을 하는 것이 아닙니다. 다른 사람은 상상도 못할 엄청난 업적을 남기고 높은 지위에 오르는 것도 아닙니다.

기독교 신앙이 추구하는 가장 중요한 가치는 하나님을 향한 순수하고 절대적인 의존입니다. 자신의 전 인격으로 하나님을 의지하고 그분의 은혜가 아니면 자신은 아무것도 아니라는 자각 속에서 하나님께 자신을 의탁하는 것, 이것이 기독교 신앙에서 가장 중요합니다.

하나님과의 무한한 간격

그러나 하나님과 인간 사이에는 무한한 간격이 있습니다. 먼저, 창조주와 피조물 간의 엄청난 격차가 있습니다. 인간이 아무리 뛰어나다고 하더라도 하찮은 피조물에 지나지 않습니다. 창조주와 피조물 사이에는 좁힐 수 없는 무한한 존재적 격차가 있기에 피조물이 자신의 영광을 아무리 높이 쌓아 올린다고 할지라도 창조주와 비교될 수 없습니다.

외국의 한 박물관에서 2,500년 전에 죽은 사람이 그대로 보존된 것을 본 적이 있습니다. 습기가 없는 모래에 묻혀서 2,500년을 지난 것이었습니다. 그래서 그런지 인상 쓰는 것까지 그대로 남아서 북어처럼 말라 있는 모습으로 유리관에 담겨 전시되어 있었습니다. 학자들은 그 사람의 나이와 죽은 시기, 사인까지 밝혀 놓았는데, 그것을 보면서 참 많은 생각이 들었습니다. '아, 이게 인간이구나!'

이런 인간을 어떻게 하나님과 비교할 수 있겠습니까? 존재에 있어서 하나님은 영원하고 인간은 한시적입니다. 하나님은 무한하지만 인간은 유한합니다. 하나님은 모든 만물 위에 초월하여 계시지만 인간은 그 만물 속에서 태어나 죽고 소멸하는 존재입니다.

존재적인 격차보다 더 심각한 문제는, 인간의 죄로 말미암는 하나님과의 영적인 단절입니다. 하나님께서는 순결하고 거룩한 영이십니다(시 12:6, 사 6:3, 고후 3:17). 하지만 인간은 죄를 지은 존재로, 하나님 앞에 불결하고 더러운 존재가 되었습니다. 거룩하신 하나님과 불결한 죄인 사이에 있는 격차는 조물주와 피조물의 존재적 격차만큼이나 큰 것입니다.

본래 인간의 육체는 이 세상의 흙으로부터 창조되었고, 영혼은 하늘로부터 창조되었습니다(창 2:7). 그렇기 때문에 육신을 위해서는 땅으로부터 공급되는 물질이, 영혼을 위해서는 하늘로부터 공급되는 자원이 필요합니다.

그러나 인간의 죄로 말미암는 영적인 단절 때문에 인간에게 주어지던 하나님의 생명과 사랑은 끊어지게 되었습니다. 즉, 영혼을 위해 공급되어야 할 하늘 자원의 결핍을 겪게 된 것입니다. 그로 인하여 인간은 비참한 존재가 되었습니다.

인간이 역사 속에서 추구해 왔던 예술과 학문, 다양한 종교와 철학, 사상 심지어 미신들도 죄로 말미암아 도입된 하나님과의 단절을 극복하고자 하는 몸부림이었습니다. 곤고한 영혼을 위해 어떠한 자원을 획득하려고 인간은 끊임없이 노력하였으나 이 모든 노력들은 전부 실패로 돌아갔습니다. 하나님으로부터 창조되었기에 하나님으로부터 오는 자원만이 인간의 영혼을 진정으로 위할 수 있기 때문입니다.

하나님께서는 아무런 희망도 없이 몸부림치는 인간을 불쌍히 여기셨습니다. 그리하여 예수 그리스도를 통해 구원의 길을 열어 놓으셨습니다. 예수님의 십자가의 공로를 토대로 우리를 다시 하나님께로 부르고 계십니다.

복음으로 부르심

복음(福音)은 문자 그대로 '기쁜 소식'입니다. 나와 상관이 없이 남에게만 기쁜 소식이 아니라 오늘 나의 행복과 직결되는, 나의 이익과 직접적으로 연관되는 그런 의미에서 기쁜 소식입니다. 이 기쁜 소식이 바로 예수 그리스도께서 이 세상에 오셨다는 것이고, 하나님께서 세상을 이처럼 사랑하사 독생자를 주셨으니 이것은 그를 믿는 자마다 멸망치 않고 영생을 얻게 하려 하심이라는 것입니다(요 3:16).

복음을 길게 설명할 수도 있고, 짧게 말할 수도 있습니다. 길게 설명하려면 수십만 권의 책으로도 다 기록할 수 없습니다. 그러나 가장 짧게 말하면 이렇습니다. "예수님께서 우리를 위해 십자가에서 죽으셨다가 다시 살아나셨다." 그렇다면 이것이 왜 기쁜 소식이 될까요?[9]

인간이 범죄한 이후로 하나님과의 관계가 단절되었을 뿐만 아니라 이 세상은 사탄의 영향력 아래 놓이게 되었습니다. 사탄은 세상 나라를 세워 자기 스스로 통치자가 되었습니다. 모든 인간들의 마음을 자기에게 복종시켜 본질상 진노의 자녀가 되게 하였습니다(엡 2:3).

사탄은 이 세상에 영향력을 행사하면서 죽음이라는 카드로 인류를 위협하였습니다(롬 5:12). 때로는 이런 죄를 지으면 너에게 이런 유익과 기쁨, 성공을 주리라고 유혹하기도 하였습니다. 헛된 꿈을 품도록 만들고 그 꿈 때문에 다른 사람들을 짓밟게 하기도 하였습니다. 그 강력한 힘에서 놓여날 수 있는 사람들은 아무도 없었습니다. 하나님께서 그 얽매인 것을 풀어 주지 않으신다면, 그 사슬에서 끌러 주지 않으신다면 인간에게는 자유가 없었습니다.

하나님의 위대한 능력은 사람의 몸을 입고 이 세상에 오신 그리스도 예수를 통해서 나타났습니다(고전 1:18). 그리스도 예수의 십자가와 부활 사건은 인류를 강하게 사로잡고 있던 죄의 지배, 사탄의 권세를 끊어 내는 데에 결정적인 역할을 하였습니다(골 2:14-15). 즉, 예수 그리스도께서 죽음을 이기고 부활한 사건은 사탄의 권세를 단숨에 깨트리고 하나님의 통치를 도입한 일이었습니다(고후 13:4, 롬 1:4).

  십자가와 부활 사건은 사탄에게 들려졌던 인간을 향한 최고의 지배 카드였던 죽음을 무효화시킨 일이었습니다(롬 8:2). 예수 그리스도께서 하나님께 순종하고 죽으신 후 다시 사신 것처럼 누구든지 그분을 믿는 자는 부활할 것이라는 소망을 주셨습니다. 그래서 이제 우리는 죽음을 두려워하지 않습니다.

  또한 예수 그리스도의 십자가의 죽음과 부활을 믿는 자마다 단절된 하나님과의 영적 관계가 회복되는 것을 경험합니다. 다시 하늘로부터 인간에게 생명과 사랑이 공급됩니다. 하늘로부터 임하는 하늘 자원으로 우리는 견딜 수 없는 일을 견디며, 사랑할 수 없는 사람을 사랑하며 살 수 있습니다. 의미를 알 수 없었던 인생의 의미를 깨닫게 되며 자신이 지금 이곳에서 왜 살아야 하는지를 알게 됩니다. 다른 사람들의 존재가 자신에게 어떠한 의미가 있는지, 자신의 인생이 무엇을 위한 것인지도 알게 됩니다. 그럼으로써 그는 사람다운 사람이 되어 갑니다.

인격적인 신앙의 경험

  하나님께서는 우리보다 훨씬 더 높고 뛰어나신 분임에도 불구하고 우리와 관계를 맺기를 바라십니다. 사랑으로 우리와 관계를 맺으셔서 가족 관계로 지내기를 원하십니다(신 6:5).

  예수 그리스도의 십자가는 티끌 같은 미물인 우리와 관계를 맺고 싶어 하는 하나님의 사랑의 표현입니다. 그러나 이 모든 사실은 공중에 객관적으로 존재하여서는 안 됩니다. 개인적인 신앙의 경험을 통해 개개인의 신자가 각자 하나님과의 관계에서 인격적으로 경험하여야 합니다. 그때에야 우리는 위대하신 하나님을 나의 하나님으로 모시게 됩니다.

하나님께서는 여러분이 무릎 꿇지 않겠다고 하는데도, 정강이를 걷어차서라도 무릎을 꿇리고야 마는 분이 아니십니다. 섬기지 않겠다는 자를 억지로 끌어당겨 섬기라고 하지도 않으십니다. 오히려 하나님께서는 당신이 그런 식으로 소개되는 것, 그런 식으로 당신을 섬기는 자들에게 모욕감을 느끼십니다.

하나님께서는 하나님 보시기에 좋은 것을 우리도 좋아하기를 원하십니다. 그 일을 위해 우리의 생각을 일깨우고 마음을 감동시켜서 우리 스스로 하나님의 뜻을 따라 행하도록 하십니다. 이처럼 기독교 신앙은 인격적인 승복이 있는 신앙입니다.[10]

참된 기독교는 인격적인 신앙임

인격적인 신앙은 두 가지로 구성됩니다. 지성의 설복과 의지의 감화가 바로 그것입니다. 지성의 설복은 하나님의 말씀을 통해 주어집니다. 하나님께서는 당신 자신이 진리의 말씀으로 다가와서 인간의 지성에 말을 건네십니다. 인간의 지성에 당신 자신의 존재와 성품을 호소하십니다. 그리고 우리 스스로 그것을 납득하여 받아들이도록 하십니다. 그렇게 우리의 지성을 설득하십니다.

이 세상에 하나님의 아름다움을 드러내는 증거는 수없이 많이 있지만 성경은 그 모든 아름다움에 대한 증언의 보고(寶庫)라 할 수 있습니다. 그래서 우리는 성경을 통해 하나님의 아름다우심을 놀랍게 이해하게 됩니다. 성경 없이 이 세상의 모든 학문을 통달하는 것보다 그것이 없더라도 성경 한 권을 사랑하고 이해하는 것이 하나님에 대한 더 놀라운 증언을 갖게 되는 이유도 바로 이 때문입니다.

물론 성경이 언제나 우리의 상식으로 이해될 수 있는 진리만을 가르쳐 주는 것은 아닙니다. 하나님에 대한 증거가 진리인데 하나님 자신이 온 땅 위에 뛰어나신 분이기에 그분을 증거하기 위한 진리도 인간의 이성을 초월하는 경우가 있습니다.

그러한 때에는 진리가 이성을 초월한다는 이유 때문에 그 진리를 버리는 것이 아니라 진리의 말씀이 나의 이성을 초월한다는 사실 앞에 겸손히 무릎 꿇어야 합니다. 자신은 아직 이해할 수 없지만 말씀하시는 분이 하나님이시라는 인정 하에 그분의 인격을 신뢰하는 마음으로 진리를 받아들여야 합니다. 이것이 믿음입니다.

하나님의 말씀에 대한 인간의 지성의 설복은 하나님의 은혜로 말미암아 가능합니다. 이 은혜의 본질은 하나님의 사랑입니다.[11] 내가 나를 사랑하는 것보다 하나님께서 나를 사랑하시는 것이 더 탁월하다는 사실을 깨닫게 될 때 인간은 의지에 깊은 감화를 받습니다. 그래서 자신을 주인 삼은 삶을 버리고 하나님을 주인 삼으며 그분의 말씀에 순종하게 됩니다. 이것이 의지의 감화입니다.

인간은 죄 가운데 있기 때문에 본성적으로 하나님을 거슬러 살고자 하고, 하나님을 대적하고자 합니다. 하나님을 멀리 떠나려고 합니다. 자신의 힘으로는 그 의지를 돌이킬 수 없습니다. 더욱이 하나님의 마음에 맞도록까지 자신의 의지를 돌이킨다는 것은 인간의 능력을 넘어서는 것입니다.

이렇게 굽어진 인간의 의지를 하나님께서는 부러뜨리고 꺾어서 억지로 당신께로 돌이키게 하지 않으십니다. 하나님께서는 사랑으로 감화시키셔서 인간 스스로 자신의 의지를 꺾고, 하나님의 뜻을 따르게 하십니다. 하나님의 사랑이 이 일을 가능하게 합니다. 그래서 인격적인 승복이 있는 신앙이 아니면 하나님의 가슴 저미는 사랑에 접근하는 것 자체가 불가능합니다.

지성의 설복과 의지의 감화를 통해 우리는 노예적인 복종의 삶이 아니라 인격적인 승복이 있는 신앙생활을 해 나갑니다. 참된 기독교는 인격적인 신앙입니다. 인격적인 신앙 안에서 하나님께서 나를 알고, 내가 하나님을 압니다. 물론 하나님께서 나를 아시는 것은 모든 것이 숨김없이 드러나는 앎이지만 내가 하나님을 아는 것은 부분적인 앎입니다.

하지만 인격적인 신앙을 통해 나를 향한 하나님의 성품을 깨닫고, 하나님께서 나 같은 인간을 지으신 목적을 이해하며 산다면 그것은 얼마나 복된 삶일까요? 그는 하나님 없이 황제와 같은 일천 년의 삶보다는 단 하루라도 진리의 빛 아래서 하나님과 함께 사는 삶을 원할 것입니다. 그는 그러한 삶을 통해 하나님이 어떤 분이신지를 알아가고 그 앎으로 인하여 하나님을 더욱 사랑하게 될 것입니다.

신앙 : 사랑의 싸움

소를 사육하는 어느 농가에서 송아지가 태어났는데 발이 세 개밖에 없었습니다. 네 번째 발이 있기는 했지만 아주 작아서 그 발로는 땅을 디딜 수가 없었습니다. 그러니 이 송아지는 땅에 어깨를 대고 세 발로 배밀이를 하면서 움직일 수밖에 없었습니다.

네 발 달린 다른 송아지들은 그 송아지를 괄시하며 뒷발로 차 버리곤 했습니다. 젖도 먹을 수 없게 하고 사료도 먹지 못하게 하였습니다. 그래서 그 송아지는 항상 구석에서 혼자 지냈습니다. 친구들이 배불리 먹고 돌아서면 그때서야 기어가서 남은 사료를 먹었습니다.

주인이 그 모습을 보고 너무 안쓰러워서 송아지 방을 따로 만들어 주었습니다. 그리고 젖 먹을 때는 엄마 젖소를 데려다가 그 방에 집어넣어서 젖을 먹을 수 있도록 하였습니다. 사료도 넉넉히 부어 주었습니다. 주인의 마음에는 항상 이 송아지가 있었습니다. 주인아주머니의 마지막 말이 감동적이었습니다.

"우리 이거 안 팔아요."

"그럼 어떻게 하시려구요?"

"끝까지 데리고 있어야죠. 불쌍하잖아요."

우리에게 약점이 있을 때 사람들은 우리를 무시하고 싫어합니다. 그러나 하나님께서는 오히려 긍휼히 여기십니다. 티끌만도 못한 인간에 비하면 지극히 높고 위대하신 분이지만 인간의 존재를 가치 있게 여기시고 사랑하십니다.

때로는 우리의 약점을 알고도 용납하십니다. 온 땅과 만물 위에 지극히 높고 뛰어난 초월적인 하나님이심에도 불구하고 지금 내 안에, 내 곁에 계셔서 나를 이끌고 사랑하는 분이십니다.

그러면 하나님께서 우리에게 원하시는 것은 무엇입니까? "내가 무엇을 가지고 여호와 앞에 나아가며 높으신 하나님께 경배할까 내가 번제물로 일년 된 송아지를 가지고 그 앞에 나아갈까 여호와께서 천천의 숫양이나 만만의 강물 같은 기름을 기뻐하실까 내 허물을 위하여 내 맏아들을, 내 영혼의 죄로 말미암아 내 몸의 열매를 드릴까 사람아 주께서 선한 것이 무엇임을 네게 보이셨나니 여호와께서 네게 구하시는 것은 오직 정의를 행하며 인자를 사랑하며 겸손하게 네 하나님과 함께 행하는 것이 아니냐"(미 6:6-8).

하나님께서는 천천의 숫양과 만만의 강물 같은 기름을 기뻐하시는 분이 아닙니다. 내 몸의 열매를 드리는 헌신을 기뻐하시는 분이 아닙니다. 하나님께서 원하시는 것은 공의를 행하고, 인자를 사랑하며, 겸손히 하나님과 동행하는 것입니다. 곧 하나님께서는 사랑의 삶을 원하십니다(호 6:6).

하나님께서는 형식적인 신앙을 싫어하십니다. 형식적인 신앙이라는 것은 형식에 치중한 생활을 말하는 것이 아니라 하나님을 향한 사랑이 결핍된 모든 신앙적인 행위를 가리킵니다. 제아무리 형식적으로 번듯해도 아가페(ἀγάπη)의 사랑으로 채워지지 않은 신앙적인 행위라면 하나님께 기쁨이 될 수 없습니다. 하나님께서 원하시는 것은 사랑이기 때문입니다.

그래서 결국 신앙은 사랑의 싸움입니다. 주님의 십자가의 은혜를 기억하고 그분 한 분의 사랑에 만족하며 살고자 하는 신앙적인 자아와, 어떻게 이 세상을 주님 사랑 하나로 살 수 있겠느냐고 우리를 유혹하는 이 세상과의 싸움인 것입니다. 그렇기 때문에 우리에게는 사랑의 감격이 필요합니다. 주님의 사랑 때문에 감격하는 마음이 필요합니다.

그렇다고 해서 하나님의 사랑을 아는 모든 사람들에게 맑고 밝은 날만 있는 것은 아닙니다. 우리가 하나님을 사랑한다고 해서 갑자기 유능한 사람이 되는 것도 아니고 놀라운 능력의 사람으로 변하는 것도 아닙니다. 주님을 사랑하는 사람도 시련을 당할 때가 있고, 자신이 섬기는 사역 앞에서 자신의 무능을 처절하게 깨달을 때도 있습니다.

그러나 기억하십시오. 성도의 거룩한 삶은 얼마큼 대단한 성과를 하나님 앞에 남겼느냐가 아니라 어떤 삶의 과정을 통해 살아왔느냐에 의해 상급을 받는 것입니다. 어떤 마음으로, 어떤 태도로 우리가 주님을 섬기며 살아왔는지 다른 사람들은 모릅니다. 그러나 하나님께서는 모두 아십니다. 남지도 모자라지도 않게 우리의 존재 그 자체를 달아 보십니다.

주님의 사랑을 한없이 받으며 그 사랑에 감격하는 성도들, 자신이 하나님을 사랑하며 살 수 있는 것을 한없는 특권으로 여기는 성도들, 그들은 정말 복된 사람들입니다. 하나님께서 보실 때 그들은 얼마나 아름다운 사람들일까요?

그들은 마른 땅과 같은 광야를 지나면서도, 마라와 같은 쓴물을 머금어야 하는 때를 만나면서도 하나님의 생명수를 마시는 특권을 누릴 것입니다. 폭풍이 그들을 이기지 못할 것이며 시련이 그들의 기도를 잠재우지 못할 것입니다. 사랑은 강력한 힘이기 때문입니다.

한눈에 보는 2장 주는 나의 하나님

하나님과의 영적인 단절

하나님과 인간 사이에는 창조주와 피조물 간의 존재적 격차뿐만 아니라 죄로 말미암은 영적인 단절이 있습니다. 이 영적인 단절로 인간은 인간을 인간답게 하는 하늘 자원, 즉 하나님의 생명과 사랑의 결핍을 경험하게 되었습니다. 뿐만 아니라 사탄의 영향력 아래 놓이게 되어 고통에서 벗어날 수 없는 존재가 되었습니다.

복음으로 부르심

죄로 인해 비참해진 인간을 구원하기 위해 예수님께서 이 땅에 오셨습니다. 예수 그리스도의 십자가와 부활은 사탄의 권세를 단숨에 깨트리고 하나님의 통치를 도입한 일이었습니다. 십자가와 부활 사건으로 우리는 이제 죽음을 두려워하지 않게 되었고, 다시 하늘 생명과 사랑을 공급받는 존재가 되었습니다.

기독교는 인격적인 신앙임

복음은 신자 개개인의 마음속에서 인격적으로 경험되어야 합니다. 인격적인 신앙은 지성의 설복과 의지의 감화로 구성되는데, 하나님께서는 진리의 말씀으로 우리에게 다가오셔서 당신의 존재와 성품을 우리의 지성에 알리십니다. 인간은 은혜를 받을 때 하나님의 말씀 앞에 지성적으로 설복됩니다. 이 은혜는 하나님의 사랑입니다. 내가 나를 사랑하는 것보다 하나님께서 나를 사랑하는 것이 더 탁월하다는 것을 깨닫게 될 때 또한 인간은 하나님의 말씀에 순종하는 의지의 감화를 경험합니다.

나눔 1. 기독교 신앙에서 가장 중요한 것은 '하나님을 향한 순수하고 절대적인 의존'입니다. 그렇다면 하나님을 향한 순수하고 절대적인 의존이란 무엇일까요? 또한 하나님께로부터 독립하려고만 하는 우리가 어떻게 하나님을 향한 순수하고 절대적인 의존을 지닐 수 있을까요?

나눔 2. 위대하신 하나님을 나의 하나님으로 고백하려면 하나님을 개인적으로, 인격적으로 경험하여야 합니다. 멀리 계신 듯한 하나님께서 가까이 계신 것처럼 느껴졌던 경험이 있다면 나누어 봅시다.

나눔 3. 신앙은 주님의 십자가의 은혜를 기억하고 그분의 사랑에 만족하며 살려는 신앙적인 자아와, 어떻게 이 세상을 주님 사랑 하나로 살 수 있겠느냐고 우리를 유혹하는 세상적인 자아와의 싸움입니다. 우리 앞에 펼쳐진 현실을 바라볼 때 이 세상을 주님 사랑 하나로만은 살 수 없을 것 같습니다. 그렇다면 우리가 어떻게 하여야 하나님과 누리는 사랑의 관계에 만족하며 이 세상을 살 수 있을까요?

일단 하나님의 존재를 인정하게 되면, '하나님께서 살아 계신다.' 라는 진리는 더 이상 객관적인 사실일 수 없습니다. 하나님의 존재를 인정한다는 것은 이 세계와 내가 그분께로부터 왔고, 그분이 나를 여기에 있게 하셨으며, 그것은 그분이 의도하신 어떤 목적이 있기 때문이라는 결론을 받아들이는 것이기 때문입니다. 즉, 우리는 하나님의 존재가 나에게 어떤 의미가 있으며, 지금 나는 나를 창조하신 하나님의 계획과 목적을 따라 살고 있느냐는 질문 앞에 서게 됩니다. 그래서 하나님이 존재하신다는 사실을 인정하면, 어떤 식으로든 하나님과 우리와의 관계를 묻지 않을 수 없습니다.

3장
우리를 사람으로 지으심은

우리는 그가 만드신 바라 그리스도 예수 안에서 선한 일을 위하여
지으심을 받은 자니 이 일은 하나님이 전에 예비하사
우리로 그 가운데서 행하게 하려 하심이니라

엡 2:10

세상을 창조하심

하나님께서는 눈에 보이는 세계뿐만 아니라 우리 눈에 보이지 않는 세계, 아직 우리가 파악하지 못한 세계까지 창조하셨습니다(창 1:1). 하나님 이외의 모든 것들은 하나님에 의해 창조된 피조물일 뿐입니다. 하나님께서는 모든 세계를 창조하셨지만 이 세계가 없으면 뭔가 불편하고 모자라는 것이 있어서 창조하신 것은 아닙니다.[12]

창조의 교리를 비웃는 사람들이 있었습니다. 그들은 이렇게 말합니다. "만약 이 세계가 하나님께 필요했다면 그분은 무엇인가 부족한 것이 있었으니 완전한 하나님일 리 없다. 만약 필요하지 않았는데도 이 세계를 만들었다면 헛된 일을 했기 때문에 그는 하나님일 리 없다."

이런 사람들에게 저는 이렇게 생각해 보라고 말하고 싶습니다. 우리는 인류 역사에서 종종 천재성을 지닌 탁월한 예술가들을 만납니다. 어떤 사람은 그림을 그림으로써 자신의 예술혼을 드러내고, 어떤 사람은 불후의 명곡을 남기기도 합니다. 또 어떤 이는 모든 인류가 사랑하는 위대한 조각품을 만들기도 합니다. 그렇다면 그들은 자신이 만든 작품이 자신에게 필요했기 때문에 만들었을까요? 자신이 만든 작품이 없으면 자신에게 뭔가 모자라는 것이 있었기에 그렇게 했을까요? 그렇지 않습니다. 자신이 만든 작품이 없어도 그들은 그 자신입니다. 오히려 다른 사람들보다 더 충만한 예술혼이 있었기에 그러한 작품을 만들 수 있었습니다.

그러므로 창조된 세계는 하나님께서 뭔가 충족히지 못한 분이라는 사실을 입증하는 것이 아니라 완전하고 충족한 분이시라는 사실을 오히려 반증합니다.

또 어떤 사람들은 이렇게 질문합니다. "만약 하나님께서 완전하신 분이고, 당신 자신이 다함이 없는 행복이라면 무엇 때문에 인간을 만들어서 자신보다 훨씬 못한 그들과 관계를 맺는가? 이것은 하나님께 무엇인가 모자라는 것이 있기 때문이 아닌가?"

어떤 사람들은 자신의 배가 부르고 편안하고, 자신이 하는 일이 뜻대로 잘되면 충분하다고 생각합니다. 그러나 또 어떤 사람들은 얼굴도 알지 못하는 아프리카 아이들의 굶주림에 마음 아파합니다. 그리고 그들을 돕고 싶어서 자신이 할 수 있는 일이 무엇인지를 알아보고 실행합니다. 여러분 생각에는 어떤 사람이 더 하나님의 성품을 닮은 사람입니까? 후자가 아닙니까? 사랑이신 하나님께서 인간과 관계를 맺는 것은 하나님의 필요 때문이 아닙니다. 사랑 자체가 끊임없이 관계를 맺고자 하는 성향이기 때문에 하나님께서는 우리를 지속적으로 사랑의 관계 속으로 초청하십니다.

인간 : 하나님께서 만드심

사도 바울은 하나님께서 인간을 만드셨다고 말합니다. "우리는 그가 만드신 바라"(엡 2:10). 이 사실을 아는 것이 신앙의 출발입니다. 우리가 예수 그리스도에 의한 구원을 받아들이고 나면 자신의 존재의 근원에 대한 답을 갖게 됩니다. 그것은 바로 하나님께서 우리를 만드셨다는 것입니다.

그렇다면 하나님께서는 왜 인간을 만드셨을까요? 사람이 만든 모든 것에는 그 목적이 있습니다. 확성기는 소리를 크게 내기 위해서 만들어졌고, 전등은 어둠을 밝히기 위해 만들어졌습니다. 그런데 인간이란 존재는 눈에 보이는 물건에 비해서 얼마나 놀라운 가치를 지니고 있습니까? 이렇게 뛰어난 가치를 지닌 인간을 하나님께서 아무런 목적이 없이 만드셨을 리 없습니다.

하나님께서는 인간에게 기대하신 삶이 있었습니다. 그 삶을 살게 하기 위해 인간을 매우 특별하게, 당신의 형상을 따라 만드셨습니다. "하나님이 이르시되 우리의 형상을 따라 우리의 모양대로 우리가 사람을 만들고 그들로 바다의 물고기와 하늘의 새와 가축과 온 땅과 땅에 기는 모든 것을 다스리게 하자"(창 1:26).

많은 신학자들이 '형상'과 '모양'은 의미 차이 없는 단어의 반복이라고 말합니다. 이 형상은 인간으로서 하나님을 닮은 영혼의 특성을 가리킵니다.[13] 하나님께서 인간을 당신의 형상을 따라 만드셨기에 인간은 위로는 하나님을 이해하고, 옆으로는 사람을, 아래로는 하나님께서 창조하신 세계를 이해하면서 하나님께서 자신을 사람으로 지으신 뜻에 맞게끔 이 모든 세상을 다스리고 가꿀 수 있는 존재가 되었습니다.

이처럼 하나님께서 인간을 당신의 형상을 따라 만드신 것은 인간이 하나님의 뜻을 자신의 뜻으로 품고, 이 세계 속에 하나님의 뜻을 구현하기를 바라셨기 때문입니다. 그렇게 함으로써 모든 피조물은 창조의 목적 안에서 살아가고, 인간은 한 가족 공동체로 서로 사랑하며 피조세계를 아름답게 다스리기를 기대하셨습니다(창 1:28).

신자 : 그리스도께서 재창조하심

그런데 인간이 죄를 지었습니다. 죄를 지음으로써 인간 안의 하나님의 형상은 파괴되었고, 하나님의 장소 목직은 잠시 좌절되는 듯하였습니다. 그러나 하나님께서는 인간들 중 일부를 구원하여 하나님의 창조 목적을 따라 살게 하십니다. 그들이 그리스도인입니다.

사도 바울은 그리스도인이 어떤 존재인지를 말합니다. "우리는 그가 만드신 바라 그리스도 예수 안에서 선한 일을 위하여 지으심을 받은 자니"(엡 2:10). 그리스도 안에서 새롭게 지음을 받은 존재가 바로 신자라는 것입니다.

우리는 잘못되고 어그러진 인간을 예수님께서 고치고 수리하셨다고 생각합니다. 그러나 성경은 예수 그리스도께서 인간을 구원하신 것이 창조라 부를 수 있을 만큼 완전히 새롭게 한 것이라고 말합니다. "그런즉 누구든지 그리스도 안에 있으면 새로운 피조물이라 이전 것은 지나갔으니 보라 새것이 되었도다"(고후 5:17).

비유를 하자면 이렇습니다. 냉장고가 없던 시절, 여름에 생선을 잡아서 몇 시간 놔두면 완전히 짓물러서 흐물흐물하게 됩니다. 썩은 물이 줄줄 흐르는 그러한 생선이 새 생명을 부여받아 물속을 힘차게 헤엄치는 등 푸른 생선이 되었다고 생각해 보십시오. 이것은 단순한 고침이나 치료가 아닙니다. 새로운 생명을 다시 부여하는 재창조의 사건입니다.

그러한 변화를 예수님을 믿음으로써 신자들이 받게 되었다는 것입니다. 이것은 인간을 하나님의 창조의 목적으로 다시 돌아갈 수 있도록 하기 위함입니다.

하나님께서는 우리를 각각 목적이 있게끔 창조하셨지만 인간이 타락한 이후로는 누구도 그 목적대로 살 수 없는 존재가 되었습니다. 그렇기 때문에 하나님께서는 우리를 그리스도 예수 안에서 구원해 주셨습니다. 그래서 구원은 구원받은 것으로 끝이 아닙니다. 구원은 어디론가로 돌아가게 하기 위한 과정입니다. 하나님께서 인간을 구원하신 것은 인간의 죄로 인하여 망가진 천지 창조의 목적을 다시 회복하기 위함입니다. 그러므로 우리를 구속하신 십자가는 창조와 재창조 사이에 있습니다.

선한 일을 위하여 지으심

우리는 종종 제품의 사용 설명서를 읽지 않고 물건을 사용하기도 합니다. 만약 여러분이 철물점에서 드라이버 두 개를 사와서 어디에 쓰는 물건인지 몰라 북을 치는 데 사용했다고 해도 큰 문제가 일어나는 것은 아닙니다. 그러나 만약 독성을 가진 약품을 사용 설명서를 읽지 않고 사용하였다면 문제가 달라집니다. 누가 얼마만큼 복용하느냐에 따라서 생명을 잃을 수도 있기 때문입니다.

여러분은 인생 사용 설명서를 얼마나 알고 있습니까? 기독교는 어떻게 사업을 하면 돈을 많이 벌 수 있는지, 어떻게 피부 관리를 하면 예쁜 사람이 될 수 있는지, 어떻게 공부하면 우등생이 될 수 있는지를 우선적으로 가르쳐 주는 종교가 아닙니다. 그것은 기독교의 우선적인 관심사가 아닙니다. 성경의 첫 번째 관심사는 참사람이 되는 것 곧, 사람다운 사람이 되는 것입니다. 따라서 우리가 바른 인생을 영위해 나가기 위해서는 성경 말씀에 대한 숙고가 필요합니다. 구원이 필요한 인간의 비참함과 그 비참한 인간을 위해 십자가를 지신 예수님의 구원 사역을 깊이 생각해야 합니다. 바로 그때 우리는 하나님이 어떤 분이신지를 알게 되고, 우리가 누구인지를 알게 됩니다. 그리고 어떻게 살아야 하는지도 알게 됩니다. 그렇게 해서 우리는 인생에 대한 올바른 사용 설명서를 읽게 됩니다.

사도 바울은 우리가 "선한 일을 위하여" 지으심을 받았다고 말합니다 (엡 2:10). 우리말 성경에는 '선한 일'이 단수로 나오지만 헬라어 성경에는 복수로 나옵니다. 우리가 '선한 일들'을 위해 지음을 받았다는 것입니다.

하나님께서 이 세계를 창조하시고 인간을 지으신 의도가 곧 '선'(the Good)이며, 거기에 부합하는 조건이나 상태가 '선함'(goodness)입니다.[14] 따라서 '선한 일들'은 하나님의 뜻에 부합하는 일이나 거기에 부합하는 인간의 섬김을 가리킵니다. 선한 일을 하는 것과 그것을 행하는 좋은 사람됨 사이에는 밀접한 인과 관계가 있습니다. 선한 사람은 선한 일을 하고, 악한 사람은 악한 행동을 하게 된다는 것입니다.

하나님을 떠나 범죄함으로써 죄인이 된 인간은, 본성상 하나님의 창조 목적을 따라 살 수 없는 타락한 존재입니다. 하나님께서 그런 인간을 예수 그리스도의 십자가로 구원하신 것은 죄로 말미암아 망가진 인간을 고쳐서 하나님의 창조 목적을 따라 선을 행하며 살게 하기 위함입니다.

참사람이 됨으로써

건축은 영어로 '아키텍처'(architecture)입니다. 이 영어 단어는 '원리, 근본, 원천'을 뜻하는 헬라어 아르케(ἀρχή)와 '기술, 기예'를 뜻하는 헬라어 테크네(τέχνη)의 조합에서 나왔습니다. 그러면 그렇게 조합된 이유는 무엇일까요?

건물을 지으려면 먼저 땅을 파야 합니다. 땅을 파는 사람들은 땅만 파는 전문가입니다. 그들은 자신의 테크네를 이용해서 땅을 팝니다. 그리고 그 다음에 건물의 기초를 놓는 사람들이 자신만의 테크네로 건물의 기초를 놓습니다. 다음 사람들은 자신만의 테크네를 사용하여 기둥을 세우고 벽을 만듭니다. 창틀을 만들 줄 아는 사람들은 창틀을 만들고, 전기를 만질 줄 아는 사람들은 자신의 테크네로 전기를 다룹니다. 각각의 사람들은 다른 사람의 테크네에 대해서는 아는 것이 없습니다. 자신만의 테크네를 갖고 있습니다. 그래서 건물을 짓는 현장에는 이 건물을 짓고자 하는 의도를 완전히 알고 있는 사람이 필요합니다. 그는 수십 개의 테크네를 통합하여 그 건물을 완성할 줄 아는 사람입니다. 이것이 바로 건물의 목적을 완성하는 기술 곧 '아키텍처'입니다.

우리는 각자 자신이 하는 일이 있습니다. 학생은 공부하는 사람이고, 사업가는 돈을 버는 사람입니다. 운동선수는 운동 경기를 하는 사람이고, 군인은 전쟁을 대비하는 사람입니다. 그러면 좋은 학생은 누구일까요? 공부를 잘하는 테크네가 있는 사람이 훌륭한 학생입니다. 돈을 잘 버는 테크네를 가진 사람이 탁월한 사업가입니다. 나라를 잘 지키는 군인이 훌륭한 군인입니다. 운동 경기에서 어떻게 승리하는지를 아는 사람이 최고의 운동선수입니다. 공부하는 사람, 운동하는 사람, 전투하는 사람, 사업하는 사람이라고 규정 지을 때 누가 탁월한지를 재는 기준은 뚜렷합니다.

그러나 행복은 이런 것에 의해서 좌우되지 않습니다. 공부하는 테크네, 돈을 버는 테크네, 운동하는 테크네, 전쟁하는 테크네 이 모든 것을 사용해서 인생이라는 집을 전체적으로 지을 수 있어야 하는데, 이것은 학교에서 배울 수 있는 것이 아닙니다. 기독교 신앙은 바로 이것을 가르쳐 줍니다.

그래서 기독교 신앙의 목표는 한 인간이 어떻게 자신의 테크네들을 사용해서 이 세상을 만드신 하나님의 창조 목적에 부합하며 살 수 있는지를, 한 인간이 어떻게 자신을 지으신 하나님의 의도대로 살아서 하나님께도 기쁨을 드리고 자신도 그 안에서 행복할 수 있겠는가에 대한 지혜를 가르쳐 주는 것입니다.

그러므로 기독교 신앙의 궁극적인 목표는 사람을 천국에 보내는 것이 아닙니다. 기독교 신앙의 진정한 효용은 죄로 인해 망가진 사람을 이 세상에서 사람다운 사람이 되게 하는 것입니다. 그리하여 하나님께서 천지를 창조하신 목적을 그의 인생을 통해 구현하며 행복하게 살게 하는 데 있습니다. 한 사람 한 사람이 하나님과 올바른 관계를 맺음으로써 하나님을 사랑하고 하나님께서 창조하신 이 모든 세계를 더욱 아름답게 하는 데 기여하면서 사는 것, 그래서 나라는 인간 하나가 이 땅에 존재함으로써 어떤 아름다움이 이 세계에 추가되는 것, 그것이 선한 일입니다.

자신의 자리에서

쓸모없이 창조된 사람은 아무도 없습니다. 하나님께서 우리 한 사람 한 사람을 창조하셨을 때 목적하신 바가 있었습니다. 그를 통하여 이 창조세계를 아름답게 하고, 하나님의 영광을 드러내게 하기 위해 만드셨습니다.

본문의 "선한 일을 위하여 지으심을 받은 자니"에서 '위하여'는 헬라어로 '대하여, 향하여'의 의미입니다(엡 2:10). 그러니까 하나님께서 인간을 흙으로 지으셨을 때, 그리스도 예수 안에서 재창조하셨을 때, 그때 인간의 삶의 방향을 창조의 목적을 '향하여' 살도록 정해 놓으셨다는 것입니다. 이렇게 정위되어 있을 때만 하나님의 선하심이 나를 통해 이 세상에 흐르고, 그럼으로써 이 세상 모든 피조물이 하나님의 선하심의 덕을 입을 수 있습니다. 그때 인간은 가장 빛나고 아름다운 존재가 됩니다.

토끼를 생각해 보십시오. 초록의 풀밭에서 뛰어다니는 토끼는 예쁘기 짝이 없습니다. 그런데 그 토끼 10여 마리가 거실에서 뛰어다닌다고 생각해 보십시오. 그것은 예쁜 게 아니라 더러운 것입니다. 마찬가지입니다. 하나님께서는 우리를 선한 일을 위해 지으셨는데 거기에서 이탈하여 살 때 그것은 마치 풀밭에서 뛰놀아야 할 토끼가 집 안 거실에서 뛰어다니는 것과 같은 것입니다.

그러므로 가장 중요한 것은 우리 한 사람 한 사람이 주님께서 정하신 자리로 돌아가는 것입니다. 그리고 하나님께서 자신을 창조하신 목적에 맞게 살아가야 합니다. 여러분에게는 여기가 하나님께서 나를 세워 주신 자리라는 확신이 있습니까? 내가 여기에 있을 때 가장 아름다운 존재가 된다는 자리가 있습니까? 내가 여기에서 이 일을 감당하며 살 때 주님의 선하심이 이 세상에 흘러갈 수 있다는 확신이 있느냐는 것입니다. 그 자리에 있을 때 그는 가장 아름다운 사람이 됩니다.

하나님께서 도우신다

하나님께서는 우리 한 사람 한 사람을 소중하게 창조하셨고, 당신이 쓰실 바를 정하셨습니다. 선한 일들을 작정하고 그렇게 살 수 있게 하는 분이십니다. 죄로 인해 그렇게 살 수 없게 된 우리를 위해 하나님께서는 예수 그리스도를 이 세상에 보내어 구속의 근거를 마련하고, 그 피로 속죄함을 얻게 하셨습니다. 그리하여 자신의 자리에서 선한 일을 할 수 있게 하십니다.

이 모든 일은 하나님께서 예비하셨습니다(엡 2:10). 하나님께서 중심이 되십니다. 우리의 인생은 우리의 뜻을 이루기 위해 존재하는 것이 아닙니다. 만세 전에 하나님께서 정해 놓으신 하나님의 뜻을 이루기 위해 하나님께서 우리를 만드셨고, 예수님께서는 우리를 재창조하셨습니다(엡 1:4-6). 뿐만 아니라 교회에서 온갖 섬김을 받으면서 선한 일을 할 수 있도록 우리를 도우십니다.

그 선한 일을 위해 하나님께서는 우리에게 은혜를 주십니다. 하나님의 은혜는 선을 행할 수 있도록 하는 사랑의 감화입니다. 선을 행하지 않는 사람에게는 은혜가 필요 없습니다. 그는 은혜가 없어도 자신이 하고 싶은 대로 하며 살아갈 수 있기 때문입니다. 그러나 하나님의 뜻대로 살고자 하는 사람은 자신의 힘으로는 그 일을 이룰 수 없다는 것을 알게 됩니다. 선을 행할 능력이 자신 안에 없음을 곧 알게 됩니다. 그래서 그는 하나님의 은혜에 목마른 사람이 됩니다.

하나님께서는 우리가 선한 일을 행하도록 도우시는데, 이 일은 두 가지 방향에서 일어납니다. 하나는, 하나님께서는 외적으로 필요한 것들을 부어 주십니다. 우리가 정직하고 진실한 마음으로 목표를 정하고 주님의 도움을 간절히 구하며 섬길 때 하나님께서는 우리의 부족한 부분들을 채워주며 공급하십니다. 물질이나 돕는 사람, 재능이 모자라서 하나님의 일을 못하게 되지 않는다는 것입니다.

다른 하나는, 하나님께서는 선한 일을 행하기에 적합한 능력을 주십니다. 그리하여 충성스러운 사람들은 시간이 지나면 대부분 지혜로워집니다. 하나님 앞에 온전히 살고 싶고 잘하고 싶은 마음으로 충성스럽게 살다 보면 하나님께서는 그에게 놀랍게 지혜를 주십니다. 하나님께서는 선한 일을 위해 충성스러운 삶을 산 사람들을 빈손으로 돌려보내는 법이 없으십니다. 말씀을 읽을 때는 말씀의 은혜를, 기도할 때는 성령의 놀라운 위로를, 하나님께 매달릴 때는 능력을 주셔서 다른 사람들은 알 수 없는 놀라운 사랑의 교제 속에서 하나님을 섬기게 하십니다.

그 길을 걸어가도록

하나님께서는 우리가 선한 일들 가운데서 행하게 하기 위해 구원하셨습니다. 이 일은 하나님께서 '전에' 예비하셨습니다(엡 2:10). 우리가 구원받기 전에, 예수 그리스도가 이 땅에 오시기 전에, 인간이 타락하기도 전에, 하나님께서 이 세상을 만드시기 전에 이미 우리를 그렇게 살도록 예비하셨습니다.

그래서 우리로 하여금 선한 일들을 행하게 하십니다. '행하게 하다.'는 '길을 걸어가게 하다.'라는 의미입니다(엡 2:10). 각 사람은 자신 속에 있는 성향을 따라 그 길을 걸어갑니다. 그 마음 안에 하나님을 사랑하고 하나님의 선을 받아들이는 사람은 선한 길로 걸어가고, 마음 안에 이런 것이 없으면 그는 악한 길에서 방황하게 됩니다. 결국 각 사람은 자신의 길을 걸어가는 것입니다.

이 구절을 통해서 우리는 창조의 목적으로 돌아가게 하신 것은 선한 일을 한두 번 하게 하기 위함이 아님을 깨닫게 됩니다. 그 길을 계속 걸어가게 하기 위하여 하나님께서 우리를 그리스도 예수 안에서 구속해 주셨습니다.

그러므로 여러분은 이제 하나님께서 자신을 지으신 의도를 알고 하나님을 경배하며 이 치열한 경쟁 사회에서 정정당당하게 승리하십시오. 그래서 얻은 것들을 예수님께서 이 세상에 계셨더라면 사용했을 그러한 방법으로 사용함으로써 이 세계의 한 구석이 하나님께서 원하시는 목적대로 돌아가도록 이바지하며 사십시오. 그러면 여러분은 순간을 살아도 영원을 잇대어 살 수 있는 지복의 사람들이 될 것입니다.

한눈에 보는 3장   우리를 사람으로 지으심은

선한 일을 위해 지으심
하나님께서는 인간을 목적 있게 만드셨습니다. 그것은 곧 인간이 하나님의 뜻을 자신의 뜻으로 품고, 이 땅에 하나님의 뜻을 구현하며 사는 것이었습니다. 이것이 선한 일입니다. 그렇지만 인간은 범죄함으로써 이 목적에서 이탈하였고, 이 목적대로 살 수 없는 무능한 존재가 되었습니다.

십자가를 통한 재창조
그래서 하나님께서는 예수님을 보내 주셨습니다. 십자가를 통해 구원받음으로 새로운 피조물이 된 우리는 하늘 자원을 공급받음으로써 하나님의 창조 목적대로 살 수 있는 존재가 되었습니다. 하나님께서는 죄로 인해 망가진 인간을 고쳐서 하나님의 창조 목적을 따라 선을 행하며 살게 하십니다.

도우시는 하나님
이 일은 '전에' 예비되었습니다. 우리가 구원받기도 전에, 예수님께서 이 땅에 오시기도 전에, 인간이 타락하기도 전에, 하나님께서 이 세상을 만드시기도 전에 하나님께서는 이 일을 예정하셨고 이 일을 이루어 가십니다. 이 선한 일을 위해 하나님께서는 우리에게 은혜를 주십니다. 하나님의 은혜는 선을 행할 수 있도록 하는 사랑의 감화입니다. 그리하여 자신의 자리에서 선한 일을 하며 살 수 있도록 하십니다.

나눔 1. 우리는 하나님에 의해 지음받았고, 우리의 존재는 전적으로 하나님께 빚지고 있습니다. 그래서 우리의 인생은 우리의 뜻을 이루기 위해 존재하는 것이 아니라 하나님의 뜻을 위해 존재합니다. 이것이 우리에게 가장 복된 길입니다. 여러분은 이 명제에 정신적으로는 물론, 실제적인 삶에서도 승복하고 있습니까?

나눔 2. 우리는 선한 일을 위해 지음받았습니다. 선한 일은 거대하고 대단한 일만을 말하는 것이 아닙니다. 큰일을 한다고 주님을 크게 만나는 것도 아니고, 작은 일을 한다고 주님을 작게 만나는 것도 아닙니다. 그가 어디에서 무슨 일을 하든지, 하나님을 위해 그분을 사랑하는 마음으로 하는 일이 선한 일입니다. 당신이 지난 한 주간 행한 선한 일은 무엇이었습니까?

나눔 3. 쓸모없이 창조된 사람은 아무도 없습니다. 하나님께서는 우리 한 사람 한 사람을 통해 창조세계를 아름답게 하고 하나님의 영광을 드러내기를 원하십니다. 미천한 인간을 하나님의 영광을 드러내는 자리로 불러 주신 하나님의 은혜를 나누어 봅시다.

2부
우리를 구속하신
하나님

너무나 많은 그리스도인들이 신앙생활을 함에 있어서, 하나님께서 우리에게 전하고자 하시는 기독교 신앙 전체가 아니라 내 구미에 맞는 일부만을 취하여 신앙생활의 도구로 삼습니다. 이렇게 신앙생활을 해도 순간순간 감동이 부어지고, 은혜가 주어집니다. 그러나 이렇게 신앙생활해서는 20년, 30년을 신앙생활하더라도 물러났다 다시 은혜를 받아 돌아오는 일만 되풀이할 뿐입니다.

여러분 가운데에도 성경 전체가 아니라 자기에게 와 닿는 몇몇 성경 구절만을 붙들고 신앙생활하는 사람이 있을 것입니다. 물론 성경의 단 한 구절만으로도 놀라운 은혜를 경험할 수 있습니다. 그러나 그것에만 만족하고 더 이상 알고자 하지 않는다면 이는 바람직하지 않은 태도입니다. 시시때때로 부어 주시는 감동과 은혜만큼이나 중요한 것이 하나님의 원대한 창조의 계획을 이해하는 것입니다.

하나님께서 이 세상을 창조하신 계획 안에는 우리를 구속하신 계획이 있고, 우리를 구속하신 계획 안에는 하나님께서 이 세상 전체를 하나님의 나라로 만드시려는 원대한 재창조의 계획이 있습니다.

이것을 올바로 이해하지 못할 때, 우리의 신앙은 타계적인 것이 되어서, 교회에 나와 말씀 듣고 찬송 부르고 기도하고 하나님을 위해 봉사하는 것만 선한 일이라는 생각에 사로잡힙니다. 그래서 이 세상으로 나아가서 하나님의 뜻을 이루어 드리는 삶의 중요성을 간과하게 됩니다. 그러나 복음 안에 있는 소명은 우리의 삶을 드려서, 우리의 삶의 전 영역을 통해서 주님께 영광을 돌려 드리는 것입니다.

우리를 구속하신 하나님의 원대한 계획에 대한 깨달음은 다분히 자기 중심적이던 우리의 신앙의 틀을 조금씩 허물어트릴 것입니다. 자기에게 어떤 만족과 유익과 감동을 주면 은혜라고 생각하고, 그렇지 않으면 그것이 진리라고 할지라도 알 필요 없는 것으로 치부하는 태도는 우리를 바른 신앙으로 이끌지 못합니다. 이런 태도는 자신의 신앙에 문제가 있어도 그것을 문제로 인식하는 대신 무엇인가 교회가 자신에게 필요한 것을 올바로 주지 못하고 있다고 원망하게 하고, 급기야 그릇된 신비주의나 세속주의에 물든 신앙으로 나아가게 됩니다.

우리에게 필요한 것은 우리의 지성을 넘어서는 하나님의 원대한 계획에 대한 믿음과 기대입니다. 우리는 항상 우리를 구속하신 목적에 대해 생각하며, 이 세상을 창조하신 계획 안에 교회에 대한 계획이 있고, 교회를 향한 계획 안에 나를 구원하신 계획이 있음을 기억해야 합니다. 그렇게 나를 구원하신 하나님의 은혜 속에 창조 세계 전체를 새롭게 하시려는 하나님의 위대하고 원대한 재창조의 계획에 이바지해야 할 소명이 내포되어 있음을 깨닫는 데서 인생을 가치 있게 사는 삶이 시작됩니다.

장난감이 별로 없던 시절에는 자연 그 자체가 아이들에게 장난감이었기에 가을이면 귀뚜라미를 가지고 노는 아이들을 흔히 볼 수 있었습니다. 간혹 아이들은 귀뚜라미를 잡아서 머리 위에 난 더듬이를 잘라 버립니다. 그러면 귀뚜라미는 한참 동안 움직이지 않고 가만히 있습니다. 왜냐하면 귀뚜라미는 더듬이를 좌우로 움직이면서 앞에 장애물이 있는지 없는지를 확인하는데 더듬이가 없어져서 아무런 정보를 얻을 수 없기 때문입니다. 타락 후 인간의 상태가 그러합니다. 선한 길을 알지 못할 뿐 아니라 하나님을 거스르는 존재가 되었기 때문에 인간은 창조의 목적으로 돌아가 하나님을 만날 가능성이 없는 처지가 되고 말았습니다.

4장
우리를 구원하신 하나님

모든 사람이 죄를 범하였으매 하나님의 영광에 이르지 못하더니
그리스도 예수 안에 있는 속량으로 말미암아
하나님의 은혜로 값 없이 의롭다 하심을 얻은 자 되었느니라

롬 3:23-24

하나님을 떠난 인간

이 세상에 수많은 사람들이 있지만 성경은 인간을 세 가지 상태로 구분합니다.[15] 먼저, 하나님께서 인간을 창조하신 후에 아직 죄가 들어오지 않은 타락하기 전의 인간입니다. 이 사람들은 하나님 앞에 올바른 상태를 유지하고 있었으며 하나님께서 인간을 인간답게 하시기 위해 부여하신 모든 좋은 특질들을 소유하고 있었습니다. 그렇기 때문에 그들은 하나님을 올바로 사랑할 수 있었습니다. 또한 사람을 사랑하되 그 사랑이 하나님 사랑에서 벗어나지 않을 수 있었고, 다른 피조물들과도 올바른 관계를 맺을 수 있었습니다. 그들은 거룩하신 하나님과 교통하여 하나님의 생명과 사랑을 부여받음으로써 비로소 동물과는 다른 하나님의 대리자가 되어 이 세상을 통치하며 살 수 있었습니다.

다음으로, 타락 이후의 인간입니다. 이들이 바로 죄 아래 있는 인간입니다. 범죄한 인간들은 하나님과 교제할 수 있는 통로가 단절되었습니다. 그럼으로써 이들은 타락 전 하나님께서 인간에게 부여하신 모든 아름다운 지위를 상실하였고, 죄를 떠나 살 수 없는 존재가 되었습니다. 이들은 고통과 비참함으로부터 벗어나지 못한 존재가 되었습니다.

마지막으로, 하나님께서 특별히 구원해 주신 인간입니다. 이 사람들은 은혜 아래 있는 사람들입니다. 이 세상이 죄로 말미암아 하나님의 진노를 받았기 때문에 죄의 영향에서는 벗어날 수 없지만, 그 죄의 비참함을 극복하고 살 수 있는 은혜를 하늘로부터 공급받을 수 있는 사람들입니다. 그들은 하나님께로부터 오는 사랑과 충만한 생명을 공급받으면서 참으로 인간다운 인간이 되어 가는 사람들입니다. 이들이 바로 예수 그리스도를 믿고 진실로 구원 얻은 사람들입니다.

인간에게 부여하신 영광

로마서 1장부터 3장 20절까지는 우울하게 전개됩니다. 인간이 하나님을 멀리 떠났기에 하나님의 진노 아래 있어서 죄와 사망의 지배를 받게 되었다는 것입니다. 이러한 인간의 상태를 사도 바울은 이렇게 말합니다. "하나님의 영광에 이르지 못하더니"(롬 3:23).

우리는 이 구절을 대할 때면 이런 그림을 마음속에 그립니다. 하나님의 영광이 저기에 멀리 있습니다. 그런데 인간이 그 영광에 부지런히 다가가려고 하는데 능력이 부족해서 도중에 탈락하는 것입니다. 그러나 이 구절의 의미는 그런 것이 아닙니다.

'이르지 못하다.'에 해당하는 헬라어 원어 휘스테레오(ὑστερέω)는 '모자라다.'라는 의미입니다. 그리고 본문의 '하나님의 영광'은 하나님 자신의 영광이 아니라 하나님께서 인간에게 부여하신 영광을 말합니다. 어차피 인간은 타락하지 않았다고 하더라도 하나님의 영광에 이르지 못합니다.

따라서 '모든 사람이 하나님의 영광에 이르지 못하더니'라는 말의 의미는 인간이 영광의 하나님과 교제할 수 있게 하는 탁월한 지위와 상태를 상실하게 되었다는 뜻입니다. 인간은 타락함으로써 전에 부여받은 탁월함과 올곧음, 순전함과 사랑, 영혼의 거룩한 기능 등을 상실하게 되었다는 것입니다. 이렇게 해서 인간은 하나님과 교통할 수 없게 되었습니다. 그로 인해 하나님께로부터 무한히 공급받는 거룩한 사랑과 영적 생명력을 잃어버리게 되었습니다.

예수 그리스도께서는 인간이 잃어버린 이 영광을 회복시켜 주기 위해 이 세상에 구원자로 오셨습니다.

나타난 하나님의 의

우리가 인생을 사는 동안 문제는 끝이 없이 나타납니다. 재물이 부족할 때도 있고, 능력이 모자랄 때도 있습니다. 다른 사람들과의 파괴된 관계로 인해 괴로운 날을 보내야 하는 시절도 있습니다. 지혜가 부족하여 어찌할 바를 모를 때도 있습니다. 그때 우리에게 필요한 것은, 이러한 모든 현실에서 긍정적으로 생각하고 그것들을 극복하며 살아갈 수 있게 하는 에너지입니다. 그 에너지가 바로 하나님께로부터 오는 생명과 사랑입니다. 그것이 있음으로 우리는 사람답게 살 수 있게 되고, 그것이 없을 때 우리는 사람으로 태어났으나 짐승과 다를 바 없는 삶을 살아가게 됩니다. 고통스러운 환경에서는 아파하고, 좋은 상황이 펼쳐지면 무작정 기뻐하는 것입니다.

죄로 인해 인간은 하나님과 교통할 수 없게 되었습니다. 그리하여 하나님께로부터 오는 생명과 사랑의 공급도 자연히 끊기게 되었습니다. 하나님께서는 생명과 사랑이 없기 때문에 비참하게 살아가는 인간을 불쌍히 여기셨습니다. 그래서 구원의 역사를 펼치십니다. 이제 율법 외에 한 의가 나타났습니다. 곧 그리스도를 믿는 믿음으로 말미암아 모든 믿는 자에게 미치는 하나님의 차별 없는 의입니다(롬 3:22). 이것이 바로 예수 그리스도께서 이 세상에 하나님의 의로 오신 이유입니다. "그리스도 예수 안에 있는 속량으로 말미암아 하나님의 은혜로 값 없이 의롭다 하심을 얻은 자 되었느니라"(롬 3:24).

이 의가 바로 하나님께서 인간에게 주셨던 그 영광입니다. 인간은 이것을 잃어버림으로써 하나님과 교통할 수 없는 절망적인 상태가 되었습니다. 그런데 하나님께서는 인간을 구원하셔서 이 의를 다시 회복시키셨습니다. 인간은 예수 그리스도 안에 있는 속량으로 말미암아 의롭다 함을 얻게 되었습니다. 이러한 자의 영혼이 가진 탁월한 특성을 성경은 이렇게 말합니다. "하나님을 따라 의와 진리의 거룩함으로 지으심을 받은 새사람을 입으라"(엡 4:24).

하나님 앞에 올바른 의로움과 하나님을 아는 충만한 지식으로 말미암은 거룩함을 소유한 존재가 구원받은 인간이라는 것입니다. 구원받은 인간은 이러한 거룩함으로 다시 거룩하신 하나님과 교통하여 하나님으로부터 생명과 사랑을 부여받게 되었습니다. 그럼으로써 인간은 하나님의 대리자가 되어 이 세상을 하나님의 뜻을 따라 가꾸며 다스릴 수 있게 되었습니다.

그렇지만 이것은 타락하기 전 인간 안에 있었던 것과 같이 완전한 형태로 회복된 것은 아닙니다. 부분적으로 회복된 것이기에 일생을 살면서 성화의 길을 걸어가야 합니다. 성화의 삶을 통해 우리는 의로움과 진리의 거룩함에 있어서 온전한 존재가 되어 가고, 그럼으로써 하나님과의 더욱 친밀한 관계를 누리게 됩니다.

구속의 의미

하나님께서 창조하신 아름다운 세계를 죄로 인해 망가뜨린 인간은 죽을 수밖에 없는 처지가 되었습니다. 그런데 예수님께서 이 세상에 오셨습니다. 그분은 구원받을 모든 인류를 당신의 품에 안으시고, 그들의 죄를 당신이 담당하셨습니다(마 26:26-28). 그래서 하나님께서는 그 죄에 대한 합당한 진노를 예수 그리스도에게 쏟아 내셨습니다. 죄에 대한 하나님의 진노의 표현이 예수 그리스도의 십자가의 죽음입니다. 그렇게 예수님께서 당신은 죽음을 당하시고, 당신의 품에 있던 자들의 죄의 값을 치러 주셨습니다. 이것이 속죄입니다. 이 속죄의 결과로 우리는 구속을 받게 됩니다.

구속 곧 속량(贖良)은 몸값을 다른 사람이 대신 지불하고 그 사람을 풀어 주는 것을 말합니다. 이것은 로마 시대의 노예제도를 배경으로 합니다.[16]

로마 시대의 노예 시장을 생각해 보십시오. 노예 한 가족이 매물로 나왔습니다. 노예 소유주는 더 이상 노예가 필요 없어서, 혹은 돈이 급하게 필요해서 이 노예 가족을 팔려고 내놓았습니다. 아빠, 엄마, 아이들까지 모두 다섯 명의 노예가 경매에 올랐습니다. 그러나 노예를 사 갈 사람이 이 다섯 명을 한꺼번에 사 간다는 보장은 없습니다. 한 사람이 다섯 명의 노예를 한꺼번에 사 가면 좋겠지만 어쩌면 아빠는 아빠대로, 엄마는 엄마대로, 아이들은 아이들대로 따로따로 팔려 갈 수도 있습니다. 그러면 이제 가족은 모두 뿔뿔이 흩어지고 언제 다시 만날 수 있을지 기약할 수 없습니다.

노예 주인은 때로는 노예를 채찍질하면서 이 노예가 얼마나 튼튼한 물건인지를 과시합니다. 뿔뿔이 흩어질지 모른다는 불안함에 엄마는 눈물을 흘리고, 아이들은 두려워합니다. 그때 자비한 한 부자가 이 노예 가족을 보면서 불쌍한 마음이 들었습니다. 그래서 그 노예 가족을 한꺼번에 사서 집으로 데려갔습니다. 데려가서 깨끗이 씻기고 옷을 입힌 다음 따뜻한 음식을 먹게 하였습니다

다음 날이 되었습니다. 한집에서 온 가족이 살게 된 것만 해도 너무 감사한데 더 놀라운 일이 일어났습니다. 주인이 어제 사온 노예들을 모두 부르더니 이렇게 말하는 것이었습니다. "사실 나는 더 이상 노예가 필요없다네. 그래서 이제 내 권한으로 자유인이 되게 하겠다는 증서를 당신들에게 써 줄 테니 앞으로 자유롭게 살게나."

이것이 바로 속량입니다. 주인은 아무런 이익도 없이 단지 자비심 하나로 많은 돈을 지불하고 다섯 명의 노예를 자유인이 되게 하였습니다. 주인의 이러한 행위가 속량이며, 주인이 지불한 돈이 바로 속전(贖錢)입니다. 예수님께서는 그 속전으로 이 세상에 오셨습니다. 우리를 위해 대신 십자가에서 죽으심으로써 우리를 자유케 하셨습니다.

십자가로 이루신 구속

죄는 인간이 지었습니다. 공의로우신 하나님께서는 이 죄에 대해 반드시 심판하셔야 했습니다. 그것이 하나님께서 정하신 공의입니다. 만약 인간이 죄를 지었는데도 죄에 대한 합당한 심판을 하지 않는다면 그것은 하나님 자신에게 모순이 되는 일입니다. "여호와 하나님이 그 사람에게 명하여 이르시되 동산 각종 나무의 열매는 네가 임의로 먹되 선악을 알게 하는 나무의 열매는 먹지 말라 네가 먹는 날에는 반드시 죽으리라 하시니라"(창 2:16-17).

죄에 대한 대가는 죽음입니다. 그런데 만약 하나님께서 죄를 지은 인간을 모두 벌을 받아 죽게 하셨다면 이 세계를 창조하신 하나님의 계획은 수포로 돌아갔을 것입니다.

그리하여 하나님께서는 인간이 타락하자마자 메시아를 약속하셨습니다(창 3:15). 그리고 제사 제도를 허락하셨습니다.[17] 믿음으로 제사를 드릴 때 하나님께서는 그들의 죄를 제물에게 전가하셨습니다. 그래서 제물은 죽어 갔지만 헌제자는 자신의 죄를 용서받았고, 하나님과 교제할 수 있는 통로가 열렸습니다. 그렇게 함으로써 하나님의 생명과 사랑이 일시적으로나마 그들에게 부여되었습니다. 그러나 그들은 또다시 죄를 지을 수밖에 없는 존재였습니다. 그러면 일시적으로 열렸던 하나님과의 교제의 통로는 다시 막혔습니다.

창세기에서 약속하신 메시아로 예수 그리스도께서 오셨습니다. 구약의 제사에서 수없이 죽어 간 제물은 예수 그리스도의 그림자였습니다(요 1:29). 예수님께서는 인간의 모든 죄를 대신 담당하심으로써 십자가에서 죽으셨던 것입니다.

성경에서 예수 그리스도의 죽음에 대해 자주 사용되는 부사가 있습니다. 그것은 '단번에', '영원히' 입니다(히 9:28, 10:10, 12, 14). 예수 그리스도께서 대제사장이 되어 자신을 제물로 바친 제사의 효과는 단번에 이루신 영원한 것입니다. 그렇기 때문에 우리는 또 다른 십자가의 제사를 필요로 하지 않습니다. 십자가는 인류 역사상 한 번이면 충분합니다.[18]

하나님께서는 인간의 죄를 예수 그리스도께 담당케 하여 형벌하심으로써 하나님의 공의를 만족시키셨고, 그 대가로 인간들을 속량해 주심으로써 인간을 향한 하나님의 사랑도 확고히 하셨습니다. 그래서 사도 바울이 예수 그리스도의 십자가는 하나님의 놀라운 지혜라고 하였던 것입니다(고전 1:24).

이것이 기독교에서 십자가를 중요하게 생각하는 이유입니다. 십자가를 통하지 않고는 그 누구도 하나님 앞에 구원받을 수 없을 뿐만 아니라(행 4:12), 그 누구도 하나님의 복음의 진수에 도달할 수 없습니다. 그리고 아무것도 몰라도 이 십자가만 안다면 그는 하나님께서 자신을 창조하신 것과 자신이 죄인인 것, 그리스도께서 자기를 위해 죽으신 것과 자신이 그리스도로 인하여 사는 것, 그리스도로 인하여 하나님께서 자신에게 은혜를 주신다는 사실을 알게 됩니다. 그래서 그는 십자가를 모르는 사람보다 하나님 앞에 더 잘 살 수가 있는 것입니다.

무엇으로부터의 구속인가

그렇다면 이 십자가는 무엇으로부터 우리를 구속하였을까요?[19]

첫째로, 십자가는 율법으로부터의 구속입니다. 율법은 우리에게 죄가 무엇인지를 보여줄 뿐만 아니라 그 죄에 대한 형벌이 어떠한 것인지를 선언합니다. 그러나 인간은 그 누구도 완벽하게 율법을 지킬 수 없었습니다. 그래서 우리는 율법의 저주 아래 있었습니다(갈 3:10). 그런데 그리스도께서 우리를 대신하여 율법의 요구를 완성시키셨습니다(롬 8:3-4). 십자가에서 죽으심으로 율법을 완성하신 그분의 의를 덧입어 우리는 의롭다 함을 받았습니다(갈 2:16). 그래서 이제 율법의 저주에서 벗어나게 되었습니다.

뿐만 아니라 율법에 따르면 죄인이 거룩하신 하나님께 나아가려면 제사 의식이 필요했습니다. 그런데 예수 그리스도께서 우리를 위해 영원히, 단번에 죽으심으로써 제사 의식이 그림자 역할을 하였던 것의 실체가 되셨습니다.

그래서 이제는 누구든지 이러한 희생의 제사 없이, 짐승을 죽이지 않고도 하나님의 임재가 있는 거룩한 보좌 앞에 나아갈 수 있게 되었습니다(히 4:16). 그 은혜의 보좌에서 하나님의 생명과 사랑을 공급받게 되었습니다. 자신의 의의 신발을 벗고 찢어진 휘장 사이로 난 보혈의 길을 걸어 주님의 보좌 앞으로 나아가는 모든 사람들을 하나님께서는 용납해 주십니다.

이제 우리는 율법을 행함으로써 우리의 힘으로 구원을 얻을 수 있다는 생각을 버리고 오직 우리를 불쌍히 여기시는 하나님의 사랑을 의지하여 주님의 보좌 앞에 이를 수 있는 자유를 얻게 된 것입니다.

둘째로, 죄로부터의 구속입니다. 죄로부터의 구속은 두 가지로 이루어집니다. 첫째로는, 신분의 자유입니다. 예전의 우리는 죄의 자녀요, 마귀의 자식이요, 하나님의 진노 아래 있어서 영원한 형벌에 처해질 사람들이었습니다(엡 2:3). 그런데 하나님께서는 우리를 죄인의 신분에서 벗어나 택하신 족속, 왕 같은 제사장, 거룩한 나라, 하나님의 자녀, 그의 소유가 된 백성으로 불러 주셨습니다(벧전 2:9). 둘째로는, 마음과 영혼의 상태의 자유입니다. 우리는 죄로 말미암아 죄와 사망의 법에 얽매여 있는 사람들이었습니다(롬 8:2). 원하지 않으면서도 죄의 길에 속박되어 그 길을 걸어가는 비참한 상태에 있었습니다. 마음과 영혼의 상태가 그렇게 얽매여 있었기에 스스로 거기로부터 벗어날 수 없는 사람이었습니다. 그런데 생명과 성령의 법이 우리를 해방시켜 주었습니다.

셋째로, 죄의 결과로부터의 구속입니다. 죄는 원인이고 그 원인은 항상 결과를 가져옵니다. 독감에 걸리면 목이 붓고 기침이 납니다. 머리가 아프고 열이 납니다. 그리고 온 몸이 아프기 시작합니다. 이것은 독감 바이러스 균이 일으키는 증상들입니다. 이때 중요한 것은 바이러스 자체를 퇴치하는 것입니다. 그러면 잠시 후 증상도 가라앉게 됩니다.

죄도 마찬가지입니다. 원인은 죄이지만 죄의 결과로 말미암아서 여러 가지 증상들이 나타나는데 이것이 바로 죄로 말미암는 비참함과 비극입니다.

예수님께서는 죄의 비참한 결과로부터도 구속하십니다. 마지막 날에 죄의 결과인 질병과 결핍으로부터 고통을 받는 육체를 완전히 부활시키는 것을 굳이 말하지 않더라도 예수님을 믿고 올바른 정신으로 살 때 하나님께서는 그래도 먹고살 만하게 해주십니다. 그래서 예수님을 믿고 나서 가난하던 사람들의 형편이 나아지기도 하고, 병들었다가 고침을 받기도 합니다. 깨어졌던 인간관계가 다시 회복되기도 합니다. 자신의 악한 성향이 올바르게 되기도 합니다.

이 모든 것이 바로 하나님께서 죄의 비참한 결과로부터 망가진 인간을 회복해 가고 구속해 가는 과정입니다. 이 모든 일들은 그리스도를 통해서 이루어집니다.

인간은 십자가의 은혜에 보탤 것이 아무것도 없습니다. 그리스도의 죽음으로 말미암아 우리는 의롭다 함을 받고 구원을 얻게 되었습니다. 그런데 십자가를 믿는 이 믿음도 하나님께서 주시는 선물입니다. 결국 구원은 전적인 하나님의 은총입니다. 이것은 우리가 하나님의 은혜만을 의존하며 살아야 함을 보여줍니다.

생명과 사랑을 공급받으라

인생을 살아가면서 왜 어려움이 없겠습니까? 힘들고 괴로운 날들이 왜 없겠습니까? 그때 우리의 인생이 예수님의 손 안에 있다는 것을 믿으며 감사함으로 살 수 있게 하는 것이 무엇이겠습니까? 하나님의 생명과 사랑이 아니겠습니까? 그 생명이 우리 마음속에 부어졌기 때문에 맨정신으로 이길 수 없는 역경과 시련을 이길 수 있습니다. 그 사랑이 있기 때문에 다른 사람을 용서하고 용납합니다. 사랑이 다른 사람과 관계를 맺게 하는 정신의 힘이기 때문입니다.

그러나 모든 사람이 죄와 불순종으로 끊어진 하나님의 생명과 사랑을 저절로 누리게 되는 것은 아닙니다. 실제적으로 하나님의 생명과 사랑을 누리기 위해서는 예수 그리스도와 연합되어 있어야 합니다. 그러기 위해서 한 사람 한 사람이 중생과 칭의를 통해 교회의 머리이신 예수 그리스도께 영적으로 접붙여지는 일이 있어야 합니다. 이 일을 위해 예수님께서 십자가를 지셨습니다.

십자가로 인하여 우리가 받은 구원은 이 세상 창조에 비견될 만큼 놀라운 것입니다. 왜냐하면 구원은 하나님에 의해, 그리스도를 통하여, 성령 안에서 영원한 생명과 사랑을 우리에게 충만히 누리게 하기 때문입니다.

이것은 단지 명목상의 일이 아닙니다. 영혼과 마음 안의 죄와 사망의 법이 무너지고 생명과 성령의 법이 실제로 심겨지는 일입니다(롬 8:2). 자유와 기쁨 가운데 믿음으로 순종의 삶을 살게 하시려고 예수 그리스도께서 십자가에서 죽으심으로 이 모든 일을 이루셨습니다.

그러므로 신자는 자기 안에 함께하시는 성령의 역사로 충만한 생명과 능력을 하나님께 공급받으며 살아가야 합니다. 이것이 바로 하나님께서 인간을 지으신 창조 목적으로 돌아가는 것입니다.

한눈에 보는 4장 우리를 구원하신 하나님

인간이 잃어버린 영광

인간은 타락하였기 때문에 영광의 하나님과 교제할 수 있는 탁월한 지위와 상태를 상실하게 되었습니다. 그래서 인간은 하나님과 교통할 수 없게 되었고, 그로 인하여 하나님께로부터 무한히 공급받던 거룩한 사랑과 영적 생명력도 잃어버리게 되었습니다.

나타난 하나님의 의

인간이 잃어버린 이 영광을 회복시켜 주기 위해 예수님께서 이 세상에 오셨습니다. 인간은 예수 그리스도 안에 있는 속량으로 말미암아 의롭다 함을 얻게 되는데, 이 의로 인하여 인간은 다시 하나님과 교통할 수 있게 되어 하늘 생명과 사랑을 부여받게 되었습니다.

십자가로 이루신 구속

십자가로 얻은 이 구원은 하나님에 의해, 그리스도를 통하여, 성령 안에서 영원한 생명과 사랑을 누리게 하기 위함입니다. 그렇지만 모든 사람이 죄와 불순종으로 끊어진 하나님의 생명과 사랑을 저절로 누리는 것은 아닙니다. 예수 그리스도와 연합된 사람들만이 그리스도와의 실제적인 연합을 통해서 하나님의 생명과 사랑을 누리게 됩니다.

나눔 1. 하나님께서는 인간을 영화롭게 창조하셨습니다. 하나님께서 인간에게 부여하신 영화로움과 죄로 인해 타락한 인간의 초라함에 대해 생각해 봅시다.

나눔 2. 우리의 인생에 문제는 끝이 없습니다. 문제는 고통스러운 현실을 마주할 때 긍정적으로 생각하고 그것들을 극복하며 살아갈 수 있게 하는 에너지가 우리에게 부족하다는 것입니다. 이 에너지가 바로 하나님께로부터 오는 하늘 생명과 사랑입니다. 그렇다면 우리가 어떻게 히여야 하나님의 생명과 사랑을 풍성히 누리며 살 수 있을까요? 이러한 것들을 풍성히 누린 경험이 있다면 나누어 봅시다.

나눔 3. 우리는 하나님의 생명과 사랑으로 이 세상을 이기며 살아갈 수 있습니다. 그렇다면 '세상을 이긴다.'의 의미는 무엇일까요?

성경은 구원을 개인사적으로 국한시키지 않습니다. 오히려 성경은 우리의 구원을 공동체적으로, 교회론적으로 말합니다. 다시 말해서 우리의 구원이 실제로 나타나기 전에 이미 교회를 세우고자 하는 하나님의 구원 계획이 있었다는 것입니다. 우리는 이 장에서 우리가 하나님께로부터 받은 구원이 교회와 어떻게 연관이 되고, 하나님의 창조 목적에 교회가 어떻게 이바지하는지를 살펴보게 될 것입니다.

5장
그리스도의 지체로 삼으심

그에게서 온 몸이 각 마디를 통하여 도움을 받음으로 연결되고 결합되어
각 지체의 분량대로 역사하여 그 몸을 자라게 하며
사랑 안에서 스스로 세우느니라

엡 4:16

여자의 후손을 기다림

하나님께서는 흙으로 아담의 육체를 만들고 그에게 생기를 불어넣으셨습니다. 그럼으로써 아담은 육체와 영혼이 결합한 살아 있는 사람이 되었습니다(창 2:7). 그 후에 아담의 갈비뼈를 취하여 여자를 만드셨습니다(창 2:21-22). 하나님께서는 또 다른 흙으로 여자를 만들지 않고 남자의 몸의 일부를 취하여 여자를 창조하셨습니다. 그렇다면 하나님께서는 왜 아담의 몸의 일부로 여자를 만드셨을까요? 이것은 그들이 원래 한 몸이라는 사실을 보여주고 싶으셨기 때문입니다.

아담과 하와 이후에 태어나는 모든 인류는 남자와 여자의 결합으로 생겨납니다. 그러니 결국 온 인류는 한 몸에서 유래하였다는 결론에 도달하게 됩니다. 만약 인류가 타락하지 않았더라면 모든 인류는 서로를 향해 이는 내 뼈 중의 뼈요, 살 중의 살이라는 사랑의 고백을 나누는 거대한 가족 공동체가 되었을 것입니다(창 2:23). 하나님께서는 이 일을 바라셨습니다.[20]

그런데 죄가 들어왔고 인간은 타락하였습니다. 죄로 인하여 하나님과의 관계도, 인간과의 관계도, 창조세계와의 관계도 모두 파괴되었습니다.

그러나 하나님께서는 당신과의 언약을 파기한 인간을 즉각적으로 심판하여 멸망시키는 대신 육체의 죽음을 유예하고, 여자의 후손을 보낼 것을 약속하셨습니다. "내가 너로 여자와 원수가 되게 하고 네 후손도 여자의 후손과 원수가 되게 하리니 여자의 후손은 네 머리를 상하게 할 것이요 너는 그의 발꿈치를 상하게 할 것이니라"(창 3:15).

아담과 하와는 처음 낳은 아이의 이름을 '가인'이라고 지었습니다. "여호와로 말미암아 득남하였다"(창 4:1)라는 하와의 고백으로 미루어 보건대 이 이름은 하나님의 구원을 암시하고 있음이 분명합니다. 아담과 하와는 처음부터 이 여자의 후손에 대한 약속을 굳게 붙들고 있었습니다. 자신들에게서 태어난 이 아이가 죄에서 자신들을 구원하기 위해 하나님께서 보내 주신 그 아이일 것이라는 구원의 열망을 붙잡았던 것입니다.

여러분은 노아를 기억하실 겁니다. 노아라는 이름의 뜻은 '쉼' 혹은 '안식'입니다(창 5:29). 이 이름에도 메시아에 대한 대망이 나타나 있습니다. 이 아이가 그 '여자의 후손'이기를 바라는 마음에서 아이의 이름을 구원으로 말미암은 안식으로 지었던 것입니다.

여자의 후손에 대한 이러한 소망은 면면히 이어져 내려왔습니다. 그리고 때가 차매, 예수 그리스도께서 이 세상에 사람의 몸을 입고 오셨습니다(갈 4:4). 아버지 없이, 여자의 후손으로 이 세상에 오셨던 것입니다.

교회를 세우심

하나님께는 예수 그리스도를 통하여 새로운 인류를 재창조하실 계획이 있었습니다. 하나님께서는 예수 그리스도를 머리로 하는 재창조된 인류를 통해서 인간의 죄와 타락으로 말미암아 잠시 멈춘 것 같았던 당신의 위대한 창조 계획을 이루어 가십니다.

그리고 새로운 인류의 완성을 위한 종자씨로 교회를 택하셨습니다. 교회는 머리와 지체로 이루어져 있는데, 예수 그리스도께서 교회의 머리이십니다(엡 1:22, 골 1:18). 이 교회는 눈에 보이는 교회가 아닙니다. 시간적으로는 인류 태초부터 시작해서 종말까지 이르게 될 모든 성도들의 연합이며, 장소적으로는 이 모든 세계를 포괄하는 모든 구원받은 무리의 연합입니다. 이것이 바로 그리스도의 우주적인 보편교회(the real catholic Church)입니다.

그러나 모든 사람들이 우주적인 보편교회를 바라보면서 신앙생활하는 것은 아니기 때문에 하나님께서는 눈에 보이는 개별적인 지역교회를 주셨습니다. 그래서 여러분이 수많은 지역교회 중 한 교회에 모여서 신앙생활하고 있는 것입니다. 그렇지만 우리는 눈에 보이는 이 교회가 모든 것이 아님을 압니다. 오히려 눈에 보이지 않은 우주적인 보편교회에 우리가 접붙여져 하나의 몸을 이루고 있고, 그 한 몸의 머리가 그리스도이심을 우리는 눈에 보이는 교회를 바라보며 기억합니다.

하나님께서는 영원 전에 당신이 구원하고자 하는 백성들을 선택하셨고, 교회를 통해 이루실 원대한 그림을 가지고 계셨습니다. 그것이 지금, 시간과 공간을 통해 펼쳐지고 있습니다. 그래서 한 사람, 한 사람이 예수님을 믿게 되는 이 모든 과정이 우연인 것 같지만 사실은 우연이 아니라 하나님의 영원한 구원의 작정을 성취해 가는 위대한 그림의 한 조각입니다.

교회의 머리 : 예수 그리스도

예수님께서는 교회를 당신의 몸으로 삼으시고, 교회의 머리가 되셨습니다(엡 1:22, 골 1:18). 예수 그리스도께서 공식적으로 교회의 머리가 되신 것은 부활 사건 이후입니다. 그래서 빌립보서는 이렇게 말합니다. "이러므로 하나님이 그를 지극히 높여 모든 이름 위에 뛰어난 이름을 주사 하늘에 있는 자들과 땅에 있는 자들과 땅 아래에 있는 자들로 모든 무릎을 예수의 이름에 꿇게 하시고 모든 입으로 예수 그리스도를 주라 시인하여 하나님 아버지께 영광을 돌리게 하셨느니라"(빌 2:9-11).

그렇다면 예수님께서 교회의 머리가 되신다는 것은 구체적으로 무엇을 말할까요? 우리는 예수님께서 교회의 머리가 되신다는 것을 세 가지 지평에서 살펴볼 수 있습니다.[211]

첫째로, 예수 그리스도께서는 구원받은 신자들의 유기체적 생명의 머리가 되십니다. 그리스도는 하나님이시며 그분 안에서 삼위의 교통은 곧 생명이며 사랑입니다. 그리스도께 접붙여진다는 것은 곧 그리스도를 통하여 삼위 하나님과의 영적인 교제 속으로 들어간다는 것을 의미합니다. 즉, 하나님의 생명이 그리스도에게 부어지고, 그것이 다시 그리스도의 몸인 교회에, 그 교회에 접붙여진 신자들에게 부어짐으로써 우리는 하나님의 생명에 참여하게 됩니다.

이 생명은 죽음을 이기는 힘입니다. 수시로 우리의 마음과 삶에 파고들어 오는 죽음의 기운, 하나님과의 관계를 끊어 놓으려 하고 모든 생명으로부터 멀어져 죽게 하는 그것들을 모두 이기게 하고 우리의 삶을 다시 살게 하는 위대하고 놀라운 힘입니다.

둘째로, 예수 그리스도께서는 구원받은 신자들의 유기체적 섬김의 머리가 되십니다. 이것은 그리스도를 통해서 은혜를 받은 신자가 그 은혜로 아름답게 세상을 섬기는 것을 말합니다. 신자 한 사람 한 사람이 하나님의 은혜 안에서 살아가는 생명적인 교통을 누릴 때 그는 주님을 위해 일할 수 있는 훌륭한 일꾼이 됩니다. 그는 작은 예수가 되어 아직까지도 섬김을 필요로 하는 이 세상의 많은 사람들을 위해 봉사합니다. 그리하여 예수 그리스도를 믿고 구원받은 지체가 되면 예수님의 생명에 참여할 뿐만 아니라 예수님께서 이 땅에 계셨더라면 하셨을 그 일을 예수님의 마음으로 행하게 됩니다. 즉 하나님과 교회, 이웃들을 섬기는 삶을 살게 됩니다.

이것은 그리스도께 접붙여진 사람들의 당연한 의무입니다. 성도는 그가 어떤 재능을 가지고 있든지 간에 그 자원을 사용하여 다른 사람들을 섬겨야 합니다.

셋째로, 예수 그리스도께서는 구원받은 신자들의 유기체적 통치의 머리가 되십니다. 몸의 사지(四肢)가 머리에 복종하는 것처럼 교회는 그리스도 예수의 통치에 복종해야 합니다. 그러므로 그리스도가 하나님의 은혜와 진리의 말씀을 통해서 교회를 다스릴 때 그 통치에 복종하는 것은 성도의 마땅한 의무입니다.

그리스도와의 원리적인 연합

인간으로 태어나서 하나님이 누구이고, 인간이 누구이며, 이 세계가 무엇인지를 탐구해 가는 것은 매우 중요한 일입니다. 그래야 우리는 인생의 의미를 찾을 수 있고 자신의 인생을 그리스도 안에서 주체적으로 살 수 있기 때문입니다.

그러나 그것이 무엇인지를 안다고 해서 모든 사람들이 그 길을 걸어갈 수 있는 것은 아닙니다. 그 길을 걸어갈 수 있게 하는 힘이 필요한데, 그것이 바로 하나님께서 우리에게 주시는 생명과 사랑입니다.

예수 그리스도를 믿고 구원을 얻었다는 것은 곧 예수 그리스도를 머리로 하는 몸에 접붙인 바 되었음을 의미합니다. 그래서 참사람답게 살게 하는 자원을 하늘로부터 공급받을 수 있는 영적인 통로가 열렸고, 하나님의 생명과 사랑이 우리에게까지 스며들게 되었음을 뜻합니다. 이것을 가리켜 '그리스도와의 연합'이라고 부릅니다.[22]

그리스도와의 연합은 원리적인 연합과 실제적인 연합으로 나누어 설명할 수 있습니다. 원리적인 연합이 모든 구원받은 신자들이 중생과 칭의를 통해 갖게 된 연합이라면 실제적인 연합은 그들이 성화를 통해 누리고 있는 연합입니다.

신자는 중생과 칭의를 통해 생명이신 예수 그리스도께 접붙여짐으로써 하나님의 생명과 사랑을 공급받아 그리스도인으로서의 새 삶을 살게 됩니다. 그러나 신자에게 그 연합이 언제나 풍성하게 느껴지는 것은 아닙니다. 신자와 그리스도는 분명히 연합되어 있음에도 불구하고 어느 때는 그 연합이 없는 것 같은 때가 있습니다. 그때 우리는 생명과 사랑의 부족을 느낍니다.

그리스도와의 실제적인 연합

기독교 신앙의 유익은 삶 가운데 드러납니다. 예수 그리스도를 믿는 이 신앙의 본질이 그리스도를 통하여, 성령 안에서, 하나님을 향하여 사는 것이기 때문입니다. 그 어떤 것도 하나님을 향해 살아가는 것만큼 중요하지 않습니다. 그러므로 우리 신앙의 최고의 가치는 사랑 가운데 하나님을 향해 사는 것입니다. 이것을 위해서 우리는 실제적으로 하나님의 생명과 사랑을 부여받아 누려야 합니다. 그래서 필요한 것이 실제적인 연합입니다.

그리스도와의 실제적인 연합을 통해서 우리는 온전한 인간이 되어 갑니다. 주님께서 우리에게 생명과 사랑을 계속 공급해 주시는 것은 온전한 인간이 되게 하기 위함입니다.

실제적인 연합은 우리가 하나님을 얼마나 많이 사랑하느냐에 따라서 결정됩니다. 죄로부터 끊임없이 자신을 거룩하게 하고, 예수 그리스도를 진실하게 사랑하면 사랑할수록 이 실제적인 연합은 촉진됩니다. 순종하는 것만큼, 믿음으로 사는 것만큼 증대됩니다.

그렇다고 해서 우리가 하나님의 생명과 사랑을 누릴 때 "이것은 내가 순종해서 얻은 것이다.", "이것은 내가 기도를 열심히 했기 때문에 주어진 것이다."라고 말할 수는 없습니다. 그 생명과 사랑은 우리의 어떠한 행위에 대한 대가로 오는 것이 아니라, 하나님의 주권적인 은혜로 주어지는 것이기 때문입니다. 우리 안의 죄와 나태함, 게으름, 싫증, 불순종이 하나님의 생명과 사랑을 누리지 못하도록 방해하는데, 그것을 꺾으면 꺾을수록 하나님의 생명과 사랑이 우리 안에서 충만히 누려집니다. 이것은 우리의 행위가 생명과 사랑을 가져와서가 아닙니다. 그 행위는 은혜로 주어진 하나님의 생명과 사랑을 누리게 하는 수단에 불과합니다.

교회와 함께 완성되는 구원

우리는 홀로 예수 그리스도께 연합된 것이 아니라 교회라는 거대한 몸의 일부가 되어 그리스도께 연합되어서 원리적인 연합을 누립니다. 이것은 또한 실제적인 연합에 있어서도 마찬가지입니다. 하나님의 생명과 사랑이 그리스도의 신부인 교회에 충분히 부어지고, 우리가 교회에 접붙여 있기 때문에 그 생명과 사랑을 누리는 것입니다.

성경은 우리의 구원을 입체적으로 말하면서 최소한 세 가지 측면을 제시합니다.[23] 첫째로, 과거적인 측면입니다. "내가 진실로 진실로 너희에게 이르노니 내 말을 듣고 또 나 보내신 이를 믿는 자는 영생을 얻었고 심판에 이르지 아니하나니 사망에서 생명으로 옮겼느니라"(요 5:24).

우리가 예수 그리스도를 믿음으로써 사망에서 생명으로 옮겨졌고 그리스도를 통해서 하나님과 교통할 수 있는 영적인 통로가 열렸습니다. 이것은 어떠한 경우에도 폐기될 수 없는 하나님의 놀라운 축복입니다.

이렇게 우리는 사망에서 생명으로, 어둠에서 빛으로, 사단의 권세에서 하나님의 나라로 옮긴 바 되었습니다(요 5:24, 엡 5:8, 골 1:13). 이것은 다시 돌아갈 수 없는 영원불변하는 것입니다. 하나님의 선택과 실행에는 후회가 없기 때문입니다. 이런 점에서 보면 우리의 구원이 얼마나 견고한 것인지를 알게 됩니다.

그렇지만 성경은 구원의 현재적인 측면도 제시합니다. "내가 그리스도와 함께 십자가에 못 박혔나니 그런즉 이제는 내가 사는 것이 아니요 오직 내 안에 그리스도께서 사시는 것이라 이제 내가 육체 가운데 사는 것은 나를 사랑하사 나를 위하여 자기 자신을 버리신 하나님의 아들을 믿는 믿음 안에서 사는 것이라"(갈 2:20).

바울은 과거의 구원에만 만족하는 것이 아니라 지금 자기 안에 충만하게 실현된 구원의 상태를 누리고 있습니다. 그는 자신이 예수 그리스도와 함께 십자가에 못 박혔고, 그 결과 예수님께서 지금 자신 안에 충만하게 계신다고 고백합니다. 예수님께서는 그의 마음에서 모든 주권을 행사하시고 그는 예수님께 온전히 순종함으로써 행복을 누리는 상태임을 감격적으로 노래하고 있는 것입니다.

이러한 현재적인 구원은 과거에 이루어진 구원에 기초하고 있지만 과거의 구원이 자동으로 현재적인 구원을 가져다주는 것은 아닙니다. 이 현재적인 구원은 끊임없이 성화의 삶을 살고, 하나님의 뜻대로 순종하려고 애쓰는 가운데 옛사람이 죽고, 새사람이 온전히 살아나는 영적인 부흥의 모습을 보여줍니다.

이 구원을 이루기 위해서 사도 바울이 자신은 날마다 죽노라고 말했고(고전 15:31), 많은 사람들을 그리스도에게로 인도하고 자신은 버림을 받을까 두렵다고 하였습니다(고전 9:27). 내게 사는 것이 그리스도니 죽는 것도 유익하다고 말했던 이유도 과거의 구원이 아니라 현재의 구원을 이루기 위한 영적 긴장을 보여줍니다(빌 1:21).

매일매일 하나님께서 싫어하시는 죄를 버리고 하나님의 은혜 안에서 살려는 몸부림, 그분이 기뻐하시는 대로 살고자 하는 순종하는 삶, 하나님의 뜻을 더 온전히 깨달아 그분께 더 가까이 가고 싶어 하는 마음, 하나님의 사랑을 깨달아 그분을 더 사랑하고자 하는 우리의 분투하는 모든 삶을 통해 내 안에 예수 그리스도가 충만히 사시는 현재적인 구원의 기쁨을 누리게 됩니다. 이러한 현재적인 구원을 온전히 이루면서 살아갈 때 하나님께서 우리에게 주신 모든 자원은 우리를 창조하신 하나님의 목적에 올바로 이바지하게 됩니다.

또한 성경은 구원의 미래적 측면도 제시합니다. "참으로 우리가 여기 있어 탄식하며 하늘로부터 오는 우리 처소로 덧입기를 간절히 사모하노라"(고후 5:2).

사도 바울은 이미 구원받은 하나님의 자녀임에도 불구하고, 하나님의 구원을 현재적으로 누리고 있음에도 불구하고, 하늘로부터 썩지 아니할 몸을 덧입기를 간절히 사모하고 있습니다. 이것은 우리의 성화의 노력을 통해 쟁취될 수 있는 것이 아닙니다. 그러나 성화된 만큼 미래의 구원에 대한 열망은 더욱 불타오르게 됩니다.

우리가 부활의 영광스러운 몸을 덧입게 될 때 모든 죄의 요소는 이 세상과 우리 안에서 완전히 제거될 것입니다. 그때 하나님의 나라는 온전히 이루어지고, 우리는 지복을 누리는 완전한 구원을 누릴 것입니다. 그때까지 우리의 구원은 아직 완성된 것이 아닙니다. 모두 과정 중에 있는 것입니다.

그러나 그리스도인은 미래에 우주적으로 성취될 구원의 완성을 머리이신 예수 그리스도와 생명적으로 연합된 몸인 교회의 일부로서 현재적으로 누릴 수 있습니다. 예수 그리스도가 내 안에 충만히 살아 계시고, 그로 말미암아 현재적인 구원의 감격을 누릴 때, 미래적인 구원의 소망도 우리 안에서 더욱 굳건해질 것입니다.

이렇게 사망에서 생명으로 옮겨지는 것과, 예수 그리스도가 내 안에 충만히 살아 계셔서 현재적인 구원의 감격을 누리는 것, 또한 하늘로부터 썩지 아니할 몸을 덧입기를 바라는 미래적인 구원에 대한 소망까지 모두 교회의 몸의 일부로 신자가 누리는 구원입니다.

이처럼 우리의 구원은 그리스도의 교회와 운명을 같이하는 구원입니다. 그런 점에서 우리의 구원은 교회와 함께 완성되어 간다고 말할 수 있습니다. 이런 관점에서 본다면 자기 홀로 구원을 받아, 하나님의 사랑을 개인적으로 받고, 이 사랑을 세상에서의 번영의 기회로 삼으려는 세속적인 그리스도인의 신앙은 설 자리를 잃게 됩니다.

교회를 사랑하며

하나님께서는 여러분 한 사람, 한 사람을 단지 그분의 생명과 은혜를 공급받는 수동적인 몸의 일부로 부르지 않았습니다. "그에게서 온 몸이 각 마디를 통하여 도움을 받음으로 연결되고 결합되어 각 지체의 분량대로 역사하여 그 몸을 자라게 하며"(엡 4:16). 그 생명과 사랑을 충만히 공급받음으로써 예수 그리스도의 몸을 위해 봉사하게 하려고 여러분을 그리스도의 몸에 접붙여 주셨습니다(엡 4:12).

자신조차 가누지 못하는 허약한 인간을 예수님의 몸의 지체로 삼으신 것도 놀라운데 하나님께서는 우리를 통해 그리스도의 몸인 교회를 온전케 하기를 바라십니다.

이 얼마나 놀라운 하나님의 은혜입니까? 얼마나 가슴 벅찬 말입니까? 하나님께서는 우리처럼 하나님 속만 썩여 드리고, 아무것도 하는 것 없이 시간만 흘려보내는 것 같은 비천한 인간들을 부르셔서 우주적인 보편교회를 위해 이바지하도록 하셨습니다. 그래서 우리가 무엇으로 주님을 섬기면 이것이 우주적인 그리스도의 몸을 성장하게 하고 하나님 앞에 이 교회를 복되게, 사랑스럽게 합니다.

이처럼 하나님께서는 우리 한 사람 한 사람의 인생을 사용하셔서 궁극적으로 거룩한 교회를 만드십니다. 한 사람 한 사람이 교회의 머리이신 그리스도를 바라보고, 그분을 사랑하며 그분의 거룩하심을 본받아 갈 때

한 사람 한 사람이 교회다운 교회를 이루어 가는 데 기여합니다. 하나님께서는 그렇게 이루어진 거룩한 교회를 통해 이 세상을 거룩하게 함으로써 당신의 창조의 목적을 온전히 회복하며 하나님의 영광이 온 땅과 하늘에 가득하기를 바라십니다.

 때로는 넘어지고, 때로는 죄에 쓰러질지라도 잊지 마십시오. 여러분은 존귀한 하나님의 자녀입니다. 하나님께서 여러분을 거룩하도록 불러 주셨고, 그리스도 예수의 몸에 접붙여 주셨습니다. 비록 여러분의 섬김이 어설프다 할지라도, 하나님께서는 그 작은 섬김을 통해 큰 영광을 받으시고 그리스도의 보편교회를 완성하심으로써 여러분의 구원을 완성해 가십니다. 이 구원의 도리를 올바로 깨닫고 그리스도와 연합된 삶을 사는 충성스러운 그리스도의 지체들이 되길 바랍니다.

한눈에 보는 5장 그리스도의 지체로 삼으심

교회를 세우심
하나님께서는 죄에 빠진 인류를 구속할 메시아를 약속하셨습니다. 그리고 때가 차매, 메시아이신 예수 그리스도께서 이 세상에 오셨습니다. 하나님께서는 예수님을 머리로 하는 재창조된 인류를 통해 인간의 타락으로 잠시 멈춘 것 같았던 하나님의 위대한 창조 목적을 다시 이루어 가시는데, 교회는 이 일을 위한 종자씨로 선택되었습니다.

교회의 머리, 예수 그리스도
예수님께서는 교회를 당신의 몸으로 삼으시고, 교회의 머리가 되셨습니다. 예수님께서는 구원받은 신자들의 유기체적 생명, 유기체적 섬김, 유기체적 통치의 머리가 되셨습니다. 이는 곧 참사람답게 살게 하는 하늘 자원을 공급받을 수 있는 영적인 통로가 열렸음을 뜻합니다.

교회와 함께 완성되는 구원
신자는 홀로 예수님께 연합된 것이 아니라 교회라는 거대한 몸의 일부로 연합되어 있습니다. 그래서 사망에서 생명으로 옮겨지는 것과, 예수 그리스도가 내 안에 충만히 살아 계셔서 현재적인 구원의 감격을 누리는 것, 또한 하늘로부터 썩지 아니할 몸을 덧입기를 바라는 미래적인 구원에 대한 소망까지 모두 교회의 몸의 일부로 신자가 누리는 구원입니다. 이처럼 우리의 구원은 그리스도의 교회와 운명을 같이하는 구원입니다.

나눔 1. 하나님께서는 눈에 보이는 지역교회를 우리에게 베풀어 주셨습니다. 그러나 지역교회는 완전한 교회가 아니며, 아직 보편교회의 일원이 아닌 사람도 섞여 있습니다. 우리에게 완전한 교회가 아닌 불완전한 교회를 허락하신 하나님의 경륜이 무엇일지 나누어 봅시다.

나눔 2. 우리는 실제적인 연합을 통해 온전한 인간이 되어 갑니다. 예수 그리스도와의 풍성한 연합을 통해서 자신의 부족하고 어그러진 부분이 고쳐져서 좀 더 온전케 된 경험이 있다면 나누어 봅시다.

나눔 3. 우리의 구원은 개인적인 것이 아니라 처음부터 끝까지 교회와 운명을 같이 합니다. 나 홀로 구원받고 나 홀로 하나님의 사랑을 받는 것에 만족하며 살아가고 있지는 않습니까? 자신에게 그리스도의 보편교회의 완성을 소망하는 마음이 있는지, 마지막 날에 완성될 아름다운 교회의 모습을 바라보며 오늘 자신 앞에 있는 불완전한 모습의 지역교회를 사랑으로 끌어안고 있는지 돌아봅시다.

예수 그리스도께서는 우리가 온전한 사람이 되어 가기를 바라십니다. 온전한 사람이 된다는 것은 하나님께서 이 세상을 창조하셨을 때 기대하셨던 창조 목적에 부합한 사람이 되는 것을 말합니다. 타락과 죄는 그 목적에서 어긋나도록 하였습니다. 그러나 하나님께서는 한 사람 한 사람을 그리스도 예수께로 접붙여 생명과 사랑을 줌으로써 창조의 목적으로 돌아가게 하십니다. 이렇게 신자들이 온전한 사람이 되어 갈 때 교회는 완성되어 갑니다. 그렇기 때문에 교회의 완성과 성도의 온전케 됨은 매우 밀접한 관계가 있습니다. "이는 성도를 온전하게 하여 봉사의 일을 하게 하며 그리스도의 몸을 세우려 하심이라"(엡 4:12).

6장
교회의 지체로 자라감

우리가 다 하나님의 아들을 믿는 것과 아는 일에 하나가 되어
온전한 사람을 이루어 그리스도의 장성한 분량이 충만한 데까지 이르리니
이는 우리가 이제부터 어린아이가 되지 아니하여
사람의 속임수와 간사한 유혹에 빠져 온갖 교훈의 풍조에 밀려 요동하지 않게 하려 함이라
오직 사랑 안에서 참된 것을 하여 범사에 그에게까지 자랄지라
그는 머리니 곧 그리스도라

엡 4:13-15

교회의 확장과 성숙

교회는 우주적인 완성을 바라보며 점점 더 확장되어 가야 하며, 동시에 점점 더 성숙해져야 합니다.[24] 여기에서 교회가 확장된다는 것은 단순히 외형적으로 건물이 커지고 모이는 사람들의 숫자가 많아진다는 것을 의미하지 않습니다. 거듭남으로써 그리스도 예수께 접붙여진 참된 성도들의 숫자가 늘어가는 것이 교회의 확장입니다. 그래서 교회가 아무리 커진다고 하더라도 참된 중생과 회심이 없는 교회의 외적 성장은 진정한 성장이라 할 수 없습니다.

또한 교회는 성숙되어야 합니다. 이것은 교회에 접붙여진 신자의 내적 성숙 곧 신자의 영적 성장을 말합니다. 한 사람이 예수님을 믿음으로써 교회에 접붙여진 것으로 모든 것이 완성된 것은 아닙니다. 그리스도 예수의 몸에 접붙여졌다는 측면에서 보면 완성이지만, 아름답고 흠 없는 교회를 이루려는 하나님의 계획에서 보면 이제 겨우 시작일 뿐입니다.

아이는 하룻밤 만에 임신이 되고 열 달이 되면 태어납니다. 그러나 아이를 낳기만 한다고 해서 끝이 아닙니다. 그 아이가 잘 자라도록 돌봐야 합니다. 이처럼 신자도 그리스도께 접붙여진 것으로 끝이 아닙니다. 그리스도의 몸의 일부로서 잘 자라야 합니다. 어그러진 성품을 고치고 성숙해져야 합니다. 그래서 영적 성장이 필요합니다. 구원받아 한 몸을 이룬 성도들은 예수님의 형상을 온전히 닮아가는 내적 성숙을 이루어야 합니다.

영적 성장의 필요성

성경은 우리가 이러한 영적 성장을 이루어야 하는 이유에 대해서 이렇게 말합니다. "이는 우리가 이제부터 어린아이가 되지 아니하여 사람의 속임수와 간사한 유혹에 빠져 온갖 교훈의 풍조에 밀려 요동하지 않게 하려 함이라"(엡 4:14).

어린아이는 판단과 이해에 있어서 미숙하고 의지도 약합니다. 그렇기 때문에 어린아이는 굳게 서 있지 못하고 흔들립니다. 어린아이와 같은 신앙을 가진 사람들은 옳지 않은 줄 알면서도 이 세상에서 소외될까 봐 혹은 무엇이 옳지 않은 것인지조차 분별이 되지 않아서 세상의 풍조에 휩쓸립니다. 그들은 주일에 들은 말씀이 마치 모래성을 쌓는 것만 같다고 느낍니다. 말씀을 듣고 은혜를 받을 때는 뭐가 좀 쌓이는 듯하지만 파도가 밀려오면 모두 씻겨 내려가서 아무것도 없는 것처럼 변하기 때문입니다. 이것이 바로 세상의 물결과 현대 사상에 요동하는 자의 모습입니다.

그러나 신앙의 대의는 자기가 믿고 배우고 확신하는 바를 따라 걸어가는 것입니다. 그래서 사도 바울이 디모데에게 "그러나 너는 배우고 확신한 일에 거하라"(딤후 3:14)라고 요청하였던 것입니다. 디모데는 새 신자가 아니라 목회자였습니다. 그런 사람도 바울은 흔들릴 수 있다고 여겼기에 배우고 확신한 바에 거하라고 강력히 촉구하였습니다. 그렇다면 디모데보다 훨씬 더 연약한 우리는 어떻게 해야 배우고 확신한 일에 거하며, 영적으로 성장해 나갈 수 있을까요? 성경은 영적 성장이 무엇인지에 대해 두 가지 국면에서 말합니다.

신자의 영적 성장

첫째로, 지식과 판단에서의 지성적인 성숙입니다. 어린아이는 지식이 충분하지 않고 판단력이 흐리기 때문에 언제나 지식과 판단에 있어서 결함이 있기 마련입니다. 이것이 영적으로 미숙한 어린 신자의 대표적인 특징입니다.

이 지식과 판단은 하나님의 아들을 믿는 것과 아는 것에 의해서 증진됩니다. "하나님의 아들을 믿는 것과 아는 일에 하나가 되어"(엡 4:13).

이 일을 위해서 우리에게는 두 가지가 필요합니다. 먼저는, 이성으로 이해할 수 없는 성경 말씀을 잘 믿는 것입니다. 이렇게 함으로써 지식의 기초가 놓이고 확신의 기초가 생깁니다. 그리고 다른 하나는, 그 위에 구체적으로 성경의 내용을 배우고 교리를 습득해 가는 것입니다. 이때 이 세계를 어떤 관점에서 바라볼 수 있는지, 인생을 어떤 시야에서 전망할 수 있는지에 대한 세계관과 인생관이 생겨납니다. 성경에서 말하는 새로운 세계관과 인생관이 그 사람에게 심겨지면 그는 필연적으로 새로운 방식의 삶을 살 수밖에 없는 사람이 됩니다. 이처럼 그리스도인이 된다는 것은 하나님을 등지고 살던 영혼이 내적으로 거듭나서 하나님을 알고 사랑하게 되는 것뿐만 아니라 예전에 동의하지 못하던 세계와 인생에 대한 어떤 새로운 관점을 받아들이는 것을 의미합니다.

'하나가 된다.' 라는 것은 자신이 믿는 것과 아는 내용이 하나가 되는 것을 말하기도 합니다. 그렇지만 또한 이런 의미도 있습니다. 하나님의 교회에는 하나님을 아는 지식에 있어서 다양한 층차의 사람들이 존재합니다. 어떤 사람들은 하나님을 많이 알고 또 어떤 사람들은 하나님을 적게 압니다. 그런데 하나님께서는 온 교회가 당신을 아는 지식에서 성장하여 온전한 지식에 이르기를 원하신다는 것입니다. 이때 교회는 성숙한 지식과 판단력을 갖게 됩니다.

둘째로, 인격적인 성숙입니다. 이렇게 믿는 것과 아는 것에서 자라간 사람은 인격적인 성숙을 이루어야 합니다. 이 인격적인 성숙은 아는 것과 믿는 것이 하나가 되어 그것이 인격화된 사람을 말합니다. 즉 그리스도를 아는 것으로 가득 찬 사람은 지식과 그의 인격이 따로 떨어지지 않고 결합된 사람입니다.

우리는 성경 지식을 단지 머리에만 넣고 그칠 것이 아니라 배운 바대로의 사람이 되도록 힘써야 합니다. 만약에 한 사람이 자신의 지식대로 인격적으로 성숙하지 않는다면 그는 교회의 아픔이 되고 상처가 될 것입니다. 그래서 그리스도 예수가 다시 머리 되실 세상을 보여주는 교회가 되지 못하도록 자신도 모르는 사이에 방해하는 사람이 됩니다.

그리스도를 닮아감

이 모든 것을 종합해서 말하면 신자의 영적 성장은 그리스도를 닮아가는 것이라 할 수 있습니다. 하나님께서는 우리의 눈에 보이지 않으십니다. 그런데 예수님께서 인성을 입고 이 세상에 오셨습니다. 예수님 안의 신성은 우리 눈에 보이지 않지만 그분의 인성은 우리가 알 수 있습니다. 먹고 마시고, 주무시며 기뻐하시고, 슬퍼하시고, 아파하시고 눈물 흘리시는 인간의 모든 희로애락을 그분의 인격 안에서 보면서 우리는 그분이 우리와 같은 인간이라는 사실을 압니다.

하나님이신 그분은 이 세상에 오셔서 사람들과 관계를 맺으십니다. 우리 눈에 하나님은 보이지 않지만 사람과 관계를 맺으시는 예수님을 보면서 우리는 하나님이 어떤 성품을 지닌 분인지를 알게 됩니다. 가엾은 사람을 불쌍히 여기시는 모습을 보면서는 긍휼이 풍성하신 하나님을, 외로운 자와 함께하시는 모습을 보면서는 우리를 위로하시는 하나님을, 우리가 아파할 때 함께 아파하시는 모습을 통해서는 우리를 사랑하는 어머니의 모습을 봅니다. 이처럼 우리는 예수님을 보면서 보이지 않는 하나님이 어떤 분이신지를 선명하게 알게 됩니다.

예수님이 어떤 분이신지를 알게 될 때 우리는 그분을 사랑하며 닮아갑니다. 그리고 그것이 곧 하나님을 닮아가는 것이 됩니다. 물론 이 말은 우리가 하나님의 신성을 닮아간다는 것이 아닙니다. 그리스도를 통해 나타난 인간의 성품 안에서 하나님이 어떤 분이신지를 알고 닮아간다는 것입니다. 그때 우리는 이 세상 사람들에게 하나님이 어떤 분이신지를 보여주는 존재가 됩니다.

이러한 과정은 곧 하나님의 형상을 회복하는 과정이 됩니다. 하나님께서는 흙으로 사람의 육체를 만드시고, 하나님이 숨을 불어넣으심으로써 영혼을 창조하여 그를 살아 있는 사람이 되게 하셨습니다(창 2:7). 그리고 그에게 의도하신 삶이 있었습니다. 그렇게 살 수 있는 능력을 그 사람의 영혼 안에 주셨는데 그것이 바로 '형상'이라고 생각하시면 됩니다(창 1:26). 그러니까 형상은 영적이고 정신적인 특징입니다.

하지만 인간이 죄를 지었기에 이 하나님의 형상이 산산이 부서져 버렸습니다. 그럼에도 불구하고 인류는 계속 번성하였습니다. 그렇지만 그 누구도 하나님의 참 형상이 인간에게 있을 때 그가 어떤 인격을 가진 존재가 되고, 어떤 삶을 살아가는지에 대해서 정확하게 알 수 없었습니다.

그래서 하나님께서는 예수 그리스도를 이 세상에 보내 주셨습니다. "그는 근본 하나님의 본체시나 하나님과 동등됨을 취할 것으로 여기지 아니하시고 오히려 자기를 비워 종의 형체를 가지사 사람들과 같이 되셨고"(빌 2:6-7).

우리는 예수님의 생애를 통해서 한편으로는 하나님에 대해서 배우고, 다른 한편으로는 참 인간이 어떠한 존재인지를 배웁니다. 보이지 않는 하나님께서 보이는 사람의 형태로 나타나사 볼 수 없었던 하나님의 성품을 예수 그리스도의 생애를 통해서 보여주셨고, 참 인간이 마땅히 어떤 사람이 되어야 하는지를 또한 보여주셨기 때문입니다. 그러므로 예수 그리스도의 생애는 참 인간이 온전한 하나님의 형상을 간직하였을 때 어떤 삶을 살아가는지에 대한 웅변적인 소재가 됩니다.

신자의 최고의 소명은 하나님의 형상 곧 그리스도의 형상을 더 많이 닮아서 이 세상에서 하나님의 자녀답게 사는 것입니다. 하나님의 형상을 그리스도의 형상이라고 하는 이유는 하나님께서 인간에게 주신 형상이 그리스도를 통해 온전히 드러났기 때문입니다.

그래서 이 세상을 향한 신자의 최고의 섬김은 그리스도를 닮아가는 참된 그리스도인이 되는 것입니다. 그렇게 함으로써 그리스도를 이 세상에 보여주어야 합니다. 신자는 세상에 있는 것이 자신에게도 있다는 것을 보여줌으로써 세상의 관심을 끄는 것이 아니라 세상에 없는 것을 보여줄 수 있는 사람이어야 합니다(행 3:6).

그렇다면 우리가 어떻게 하여야 그리스도의 형상을 닮아가는 신자가 될 수 있을까요?

영적 성장의 길 1 : 참된 생활을 함으로써

우리가 예수님의 형상을 닮아가는 삶을 위해서 성경은 두 가지를 제시합니다. "오직 사랑 안에서 참된 것을 하여 범사에 그에게까지 자랄지라"(엡 4:15).

첫째로, 참된 생활을 함으로써입니다. '참된 것을 하여' 라고 번역된 헬라어 알레듀온테스(ἀληθεύοντες)는 알레데이아(ἀλήθεια)와 관련이 있는 단어입니다. 알레데이아는 '진리' 라는 뜻입니다. 그러니까 '참된 것을 하여' 는 '참된 생활을 하여', '진리의 생활을 영위하여' 라는 뜻입니다. 즉, 우리의 믿음이 성장하기 위해서는 진리의 생활을 하여야 한다는 것입니다.

'참되다.' 라는 것은 진리에 부합한 상태를 말합니다. 우리는 간혹 나보다 성경을 더 많이 알지 못하는 것 같은데 하나님과 매우 가깝게 있는 듯한 사람을 만날 때가 있습니다. 이것은 그 사람이 자신이 아는 진리에 부합하는 참된 생활을 하고 있기 때문이고 우리는 그렇지 못하기 때문입니다. 그러므로 우리는 진리를 배울 뿐 아니라 우리의 영혼과 마음이 진리에 굳게 붙들려 있어서 그 진리에 영향을 받도록 하여야 합니다. 그때 그는 진리에 부합된 사람이 됩니다.

다윗을 생각해 보십시오. 그는 죄를 지었습니다. 양심은 소리치고 있었으나 겉으로는 별일 없이 살아가고 있었습니다. 어느 날 나단 선지자가 나아와 그를 책망하였습니다(삼하 12:1-14). 그때 다윗은 회개하였습니다. 밤마다 눈물로 침상을 띄우고 요를 적셨습니다(시 6:6). 많은 시간 동안 하나님 앞에 회개하였습니다.

마침내 하나님께서는 그의 회개를 들으시고 용서해 주셨습니다. 바로 그에게 진실이 있었기 때문입니다. 하나님의 진리에 부합된 정신과 마음의 상태가 진리 곧 진실한 것입니다. 그러므로 누구도 이 진리의 빛 없이는 진실해질 수 없습니다.

한 사람의 삶에 진리를 아는 지식이 있으나 거기에 부합하는 삶이 없다면 그 그리스도인의 삶은 허위이며 거짓일 것입니다. 만약 복종하고 순종하는 삶은 있으나 거기에 진리가 없다면 그것은 맹목에 가까운 삶이 될 것입니다.

진리를 바로 알지 않고는 참된 생활을 할 수 없기 때문에 여러분은 끊임없이 진리를 탐구하여야 합니다. 우리가 진리를 알고 거기에 자기를 합치시키려는 노력이 있을 때 우리는 영적으로 성장해서 예수 그리스도를 많이 닮은 사람들이 됩니다.

영적 성장의 길 2 : 사랑 안에서 삶으로써

둘째로, 사랑 안에서 살아감으로써입니다. "사랑 안에서 참된 것을 하여"(엡 4:15). 지성적인 성숙이든, 인격적인 성숙이든 그 모든 것들은 사랑 안에서 이루어져야 합니다.

헬라어 성경은 본문의 '사랑'을 아가페(ἀγάπη)라고 기록합니다. 아가페는 매우 광범위하게 사용되는 단어입니다. 삼위 하나님 안에 있는 사랑도 아가페이며 그 사랑을 우리에게 주신 것도 아가페입니다. 우리가 하나님께 받아 감격하는 사랑도 아가페이고, 우리가 그 사랑에 감격하여 하나님을 사랑하게 만드는 것도 아가페입니다. 우리는 그 사랑 때문에 다른 사람들을 사랑하게 됩니다.

성경은 아가페의 사랑 안에서 살아가라고 말합니다. 한 사람의 신자가 영적으로 성장한다는 것은 하나님을 향한 순전한 사랑에서 자라가는 것을 의미합니다. 영적 성장은 교회에 오래 출석하는 것, 직분이 올라가는 것, 맡은 일이 점점 더 많아지는 것이 아닙니다. 사랑 안에서 계속 성장하게 될 때 그 사람은 성숙한 그리스도인이 되고 그럼으로써 교회는 점점 더 든든한 예수님의 몸으로 서 가게 됩니다.

똑같이 예수님을 믿습니다. 똑같이 하나님의 형상을 지녔습니다. 하나님께서는 여러분 모두를 사랑하십니다. 그런데 실제로 누가 행복한 삶을 사는지 생각해 보십시오.

주님의 사랑을 받았으나 주님을 거의 사랑하지 않아서 언제든지 주님을 버릴 준비가 되어 있는 사람이 행복한 삶을 살겠습니까? 주님을 위해서 자신의 생명도 기꺼이 십자가에 내놓을 수 있는 사람이 행복한 삶을 살겠습니까? 후자의 사람이 행복한 삶을 사는 것이 너무 당연하지 않습니까?

이러한 하나님의 사랑을 가져다주는 것이 바로 하나님의 은혜입니다. 하나님의 사랑은 은혜의 방식으로 우리에게 오기 때문입니다. 하나님의 은혜가 우리에게 흠뻑 부어지면 우리의 내면에서 강력한 사랑이 불타오르게 됩니다. 이때 우리는 평소에는 없었던 놀라운 의지력이 생기게 되는데, 그것은 선한 일을 할 수 있게 하는 힘입니다. 그래서 하나님의 뜻을 따라 살 수 있게 됩니다. 그러므로 그가 사랑의 사람이 아니라면 아무것도 아닙니다.

교회를 통해 이루는 성장

신자의 이러한 영적인 성장이 어떻게 이루어집니까? 허공에서 혼자 광야를 헤매며 이루어지는 것이 아닙니다. 교회 안에서의 목양을 통해서 이루어집니다.

하나님께서 교회를 존재하게 하신 이유는 먼저는 하나님을 위함입니다. 예배와 하나님을 향한 마음의 헌신이 여기에서 나오기 때문입니다. 그렇지만 또한 교회는 이 세상을 위해 존재합니다. 이 세상을 향한 복음 전파와 선교, 구제와 자비로운 행위로 교회는 이 세상을 아름답게 섬깁니다. 마지막으로, 하나님께서는 교회 자신을 위해 교회를 세우셨습니다. 성도들을 성장하게 하신 후에 교회가 그들의 도움을 받게 하기 위함입니다.

민둥산에 묘목을 심을 때는 그 묘목이 산의 도움을 받습니다. 산에 뿌리를 내리고 있지만 아직은 뿌리에 힘이 없습니다. 그러다가 10년, 20년이 지나면 뿌리는 땅 밑으로 계속 뻗어 뿌리와 뿌리가 어우러지면서 온 산을 휘감습니다. 그러면서 폭풍 속에서도 흔들리지 않는 숲을 이룹니다.

일단 나무들이 성장하여 숲을 이루게 되면 이제 나무가 산의 도움을 받는 것이 아니라 산이 나무의 도움을 받게 됩니다. 하늘 높이 뻗어 오른 나무에서 줄기가 자라고, 꽃이 피고, 바람에 날려 씨앗들이 여기저기 떨어집니다. 거기에서 작은 나무들이 또 자라고, 생태계가 형성됩니다. 비가 오면 언제나 토사에 휩쓸리던 산자락은 나무뿌리에 의해 견고해지고, 가

묶이면 그 물을 서서히 흘려보내 산 어귀를 비옥하게 합니다. 그러면서 흙밖에 없던 민둥산은 생명으로 가득하게 됩니다.

마찬가지입니다. 영적으로 갓 태어난 신자는 전적으로 교회에 의탁합니다. 그렇지만 그가 예수님의 생명과 사랑을 먹고 충만하게 자라서 예수 그리스도의 형상을 닮아 점점 더 온전한 사람이 되어 가면 그 사람이 이제 교회를 이롭게 합니다. 진리가 그에게 있기에 무지한 사람들은 그의 도움을 받습니다. 재물이 없는 사람들은 그가 가진 것들을 나눔으로써 가난을 면하게 됩니다. 재능이 없는 사람은 재능이 있는 사람의 도움을 받아 모자란 것이 없게 됩니다. 그렇게 함으로써 그리스도의 몸을 윤택하게 하는 데 이바지하게 됩니다. 그는 교회를 돕고, 교회는 그것으로 다시 그를 도움으로써 그로 하여금 생명 안에서 교회와 함께 그리스도 예수를 공동체적으로 닮아가게 합니다.

그래서 하나님께서는 갓 태어난 당신의 자녀를 교회의 품으로 부르셨습니다. 교회 안에서 성장하게 함으로써 이 아이는 결국 교회를 섬기는 사람으로 자라갑니다.

아픔과 기쁨을 다른 성도들과 함께, 그리스도와 함께 겪으며 자라갑니다. 진리의 말씀을 믿고 성경 지식을 배우고 하나님의 사랑을 경험하면서 그는 점차 예수님을 닮은 사람이 되어 갑니다. 그럼으로써 그가 어디에 있든지, 누구와 함께 살든지 그는 하나님께서 이 세계를 창조하고 교회를 세우신 목적에 이바지하는 삶을 살게 됩니다.

그렇게 교회를 세우신 목적에 이바지하면서 살아가는 동안, 그는 위로는 하나님과의 평화를 누립니다. 그리고 옆으로는 모든 사람들과 사랑을 나누고 교통하면서 자기를 이 세상에 사람으로 보내신 하나님의 그 목적을 실현하면서 살아갑니다.

그 안에서 그는 죽음을 두려워하지 않는 담대함으로 하나님과의 평화를 노래할 것이고 자기를 구원하신 하나님의 위대한 구원과 계획, 가슴 저미는 십자가의 사랑을 전파하는 사람이 될 것입니다. 그 사람이 살아 있음으로 하나님께서 창조하신 이 세계 어느 한 구석이 온전해지고, 불행할 수밖에 없는 사람들이 예수님의 품으로 돌아옴으로써 행복을 누리게 됩니다. 이 얼마나 복된 생활입니까?

한눈에 보는 6장 교회의 지체로 자라감

교회의 확장과 성숙
교회는 참된 중생과 회심을 경험한 신자들의 숫자가 늘어감으로써 확장되는 동시에 또한 신자 개개인의 성숙을 이루어야 합니다. 교회의 성숙은 신자의 영적 성장을 말하는 것으로, 지식과 판단에서의 지성적인 성숙과 인격적인 성숙이 그것입니다. 이러한 성숙을 이룰 때 신자는 예수 그리스도를 점점 더 닮아가고 이 세상에 예수님을 보여주는 삶을 살게 됩니다.

예수님을 닮아가는 삶
저자는 예수님을 닮아가는 삶을 위해서 우리에게 두 가지를 제시합니다. 첫째로, 참된 생활을 하라는 것입니다. '참된 생활을 하다.' 라는 것은 배운 진리에 부합된 사람이 되는 것을 말합니다. 이것을 위해 우리는, 진리를 탐구할 뿐만 아니라 그 진리의 영향력 안에 있으면서 그 진리에 자신을 합치시켜야 합니다.
둘째로, 사랑 안에서 살아가라는 것입니다. 지성적인 성숙이든, 인격적인 성숙이든 그 모든 것들은 아가페 사랑 안에서 이루어져야 합니다. 그러므로 한 사람의 신자가 영적으로 성장한다는 것은 하나님을 향한 순전한 사랑에서 자라가는 것을 말합니다. 사랑 안에서 계속 성장해 갈 때 그는 성숙한 그리스도인이 되고 교회는 든든한 예수님의 몸이 됩니다. 이러한 사랑을 가져다주는 것이 하나님의 은혜입니다. 하나님의 사랑은 은혜의 방식으로 우리에게 오기 때문입니다.

나눔 1. 그리스도인의 인격적인 성숙은 아는 것과 믿는 것이 하나가 되어 그것이 인격화되는 것을 말합니다. 그렇다면 우리가 어떻게 하여야 매일 인격적으로 성숙한 사람이 될 수 있을까요? 자신은 앎과 삶, 믿음과 현실 사이의 괴리를 어떻게 좁혀 나가고 있는지 나누어 봅시다.

나눔 2. 에베소서 4장 15절은 아가페의 사랑 안에서 참된 생활을 하라고 말합니다. 아가페의 사랑으로 살아가는 것이 구체적으로 무엇일지 나누어 봅시다.

나눔 3. 신자의 영적 성장은 곧 예수 그리스도를 닮아가는 것이라 할 수 있습니다. 그리고 그것은 하나님의 형상을 회복하는 과정이 됩니다. 자신에게 예수 그리스도를 닮아간 경험이 있습니까? 혹은 자신의 인격 중에서 예수님을 닮아가야 하는 영역이 있다면 나누어 봅시다.

그리스도인은 온전한 사람으로 존재하는 것이 어떠한 것임을 자신의 존재와 삶의 방식으로 이 세상에 선포하는 사람입니다. 이것이 그리스도인의 최고의 사명입니다. 그리스도인이 이러한 사명을 따라 살지 않는 이유는 자신의 정체성에 대해 무지하기 때문입니다. 그래서 사도 베드로는 그리스도인이 어떤 존재인지를 이렇게 가르칩니다. "너희는 택하신 족속이요 왕 같은 제사장들이요 거룩한 나라요 그의 소유가 된 백성이니"(벧전 2:9).

7장
그리스도인은 누구인가

그러나 너희는 택하신 족속이요 왕 같은 제사장들이요
거룩한 나라요 그의 소유가 된 백성이니
이는 너희를 어두운 데서 불러 내어 그의 기이한 빛에 들어가게 하신 이의
아름다운 덕을 선포하게 하려 하심이라

벧전 2:9

하나님 자녀의 정체

베드로 사도가 베드로전서를 쓴 시기는 주후 64년에서 68년 사이일 것이라고 추측합니다. 이때 로마는 네로(Nero Claudius Caesar Augustus Germanicus, 37-68) 황제의 치하에 있었고, 그리스도인들에 대한 대대적인 핍박과 박해가 있었습니다. 그래서 로마뿐 아니라 흩어진 모든 교회의 성도들이 요동하던 시기였습니다.

베드로는 일찍이 예수님을 모른다고 세 번이나 부인했던 실패를 지닌 사람이었습니다(마 26:69-75). 뼈아픈 실패를 경험했던 그는 하나님의 사랑을 받은 하나님의 자녀가 자신처럼 믿음이 없어 낙심하고 좌절하지 않기를 바랐습니다. 그렇기 때문에 핍박 가운데서도 기뻐하도록, 환난 가운데서도 믿음을 잃지 않도록 용기를 북돋아 주기 위해 힘 있는 필체로 이 편지를 기록하였습니다.

베드로 사도는 본문에서 이 편지의 수신자들에게 하나님의 자녀의 정체가 무엇인지를 가르쳐 주고 있습니다. 그들의 정체를 분명히 함으로써 자신들을 하나님의 자녀 삼으신 하나님의 궁극적인 목적이 무엇이며, 어떻게 살아야 그 목적에 부합하는 삶을 사는 것인지를 보여주고자 하였

기 때문입니다. 여기에서 사도는 그리스도인의 정체성을 크게 네 가지로 말합니다.[25]

택하신 족속 : 선택

첫째로, 그리스도인은 택하신 족속입니다(벧전 2:9). 택하신 족속은 하나님의 은혜로운 선택이 있었음을 우리에게 알려 줍니다.

그리스도인은 자신의 힘으로 그리스도인이 된 사람이 아닙니다. 하나님에 의해 선택된 사람입니다. "곧 하나님 아버지의 미리 아심을 따라 성령이 거룩하게 하심으로 순종함과 예수 그리스도의 피 뿌림을 얻기 위하여 택하심을 받은 자들에게 편지하노니 은혜와 평강이 너희에게 더욱 많을지어다"(벧전 1:2).

하나님께서는 우리를 구원하기 전에, 이미 우리를 아셨습니다(엡 1:4). 히브리어 문맥에서는 아셨다는 것은 곧 사랑하셨다는 것입니다. 우리는 이 땅에 존재하기도 전에 하나님의 사랑을 받았습니다. 시간과 모든 물질을 초월하는 하나님께서 우리가 이 세상에 나기도 전에 이 세상에 태어나게 하실 것을 예정하셨고 시간 안에 있지 않은 우리를 당신 안에서 사랑하셨다는 것은 매우 놀라운 일입니다.

어쩌면 우리는 죽을 때까지 왜 저 사람이 아니고 내가 선택받았는지 알지 못할 것입니다. 왜 자신이 하나님의 선택을 받았는지 대답할 수 없을 것입니다. 천국에 이르러서도 밝혀지지 않을지 모릅니다. 그러나 확실한 사실 하나가 있습니다. 그것은 우리를 당신의 자녀로 선택하신 이 은혜는 하나님의 기쁘신 뜻을 따른 것이라는 사실입니다(엡 1:5). 우리에게 무슨 공로나 어떠한 장점, 다른 사람들보다 더 나은 무엇인가가 있어서가 아니라는 것입니다(롬 3:24).

하나님의 자녀는 이처럼 아무 공로 없이 선택을 입은 사람입니다. 창세 전에 이루어진 그 선택을 완성하기 위해 예수 그리스도께서 이 땅에 오셔서 십자가를 지셨습니다. 그래서 당신의 핏값으로 그들을 사셨습니다. 그렇기 때문에 신자는 마땅히 자신을 선택하신 하나님의 무한한 은택에 감격하는 사람들이 되어야 합니다.

왕 같은 제사장 : 사명

둘째로, 그리스도인은 왕 같은 제사장입니다(벧전 2:9). 이것은 그의 사명이 무엇인지를 보여줍니다. 제사장은 제사를 드려 주는 사람입니다. 제사장의 가장 중요한 직무는 죄로 불결해진 인간을 제사라는 제도를 통해서 하나님과 만나게 해주는 것입니다.

구약 시대에 허물과 죄로 말미암아 불결해진 죄인이 어떻게 거룩하신 하나님 앞에 나갈 수 있었을까요? 그것은 오직 제사 제도를 통해서였습니다. 그러나 제사는 모든 사람이 아무렇게나 드릴 수 있는 것이 아니었습니다. 오직 제사장만이 하나님께 제사를 드릴 수 있었습니다. 헌제자는 제사장의 중보 없이는 하나님께 열납되는 제사를 드릴 수 없었고, 거룩하신 하나님을 뵈올 수 없었습니다. 그런 점에서 제사장은 죄인과 하나님 사이의 중보자입니다.

이러한 제사장의 개념이 출애굽기에서는 국가 단위로 제시됩니다. 그래서 하나님께서는 이스라엘 백성을 제사장의 나라로 부르셨습니다. "너희가 내게 대하여 제사장 나라가 되며 거룩한 백성이 되리라 너는 이 말을 이스라엘 자손에게 전할지니라"(출 19:6).

이 세상에는 크기와 이념이 각각 다른 수많은 나라가 있습니다. 이들은 각각 상이한 영광을 가지고 있습니다. 그 영광의 밝기와는 상관없이 이방 나라들은 자력으로는 거룩하신 하나님을 알 수 없었고 구원받을 수 없었습니다. 그리하여 하나님께서는 이스라엘이라는 나라를 선택하여 이방 나라가 이스라엘의 덕을 입어서 하나님을 알게 하셨습니다. 그런 점에서 이스라엘은 이방 나라와 하나님 사이를 중보하는 제사장의 나라입니다.

이러한 이스라엘은 육적인 왕국으로, 예수 그리스도께서 오심으로 모두 종결되었습니다. 그것은 하나의 그림자였습니다. 예수님께서 오셔서 십자가에서 죽고 다시 사심으로써 영적인 이스라엘을 세우셨는데, 이것이 바로 교회입니다.

그래서 구약에서는 이스라엘이 제사장의 나라가 되어 이방인들을 하나님께로 돌아오게 하는 중재자적 역할을 하였지만, 신약에서는 교회가 하나님과 이방인들 사이에서 중재자적 역할을 합니다. 진정한 의미에서 중보자는 예수 그리스도밖에 없습니다. 그러나 하나님께서는 교회의 중재자적 역할을 통해 하나님의 진리가 선포되며 그리스도가 어떤 분이신지를 알게 하십니다. 그래서 이 세상은 교회를 통해서 하나님께로 돌아오게 됩니다(행 26:17-18).

그러므로 교회의 성도들은 아직 구원받지 못한 나라와 민족들을 마음에 품고 간절히 기도하여야 합니다(마 5:44, 눅 6:28). 하나님께서 자신들에게 주신 하늘의 자원과 이 땅의 자원을 사용하여 이 세상을 그리스도의 품으로 돌아오게 하는 데 헌신하여야 합니다.

거룩한 나라 : 구별

셋째로, 그리스도인은 거룩한 나라입니다(벧전 2:9). 거룩한 나라라는 표현에서 우리는 그리스도인이 구별되었음을 알 수 있습니다.

거룩함은 구별됨을 의미합니다. 하나님께 바쳐진 것으로 구별되었다는, 즉 하나님께 봉사하기 위해 하나님께 선점되었음을 뜻합니다. 신앙은 우리 자신을 오로지 하나님을 위해 바쳐진 것으로 여기게 합니다.

일주일에 7일이 있지만 우리는 그중 한 날을 따로 떼어 놓아 하나님을 섬깁니다. 그날이 주일입니다. 우리에게 많은 물질이 있지만 그 물질 중 일부를 따로 떼어 놓아 하나님께 바칩니다. 그것이 헌금입니다. 하루 중 24시간이 있지만 우리는 그중 일부를 구별하여 하나님의 말씀을 읽고 기도합니다.

그날, 물질, 그 시간은 이미 하나님께 바쳐진 것이기에 거룩한 것들로 여겨집니다. 이렇게 구별된 것들이 있기에 나머지 시간과 공간, 사물들도 거룩하게 사용할 수 있는 것입니다.

많은 사람들이 거룩함을 자신에게서 발견하려고 애를 씁니다. 그래서 자신이 스스로 거룩하게 살아야 거룩한 성도가 될 수 있다고 생각합니다.

그러나 예수 그리스도를 믿고 그리스도인이 되었다는 그 사실 자체로 그는 이미 거룩해진 사람입니다. 다시 말해서 그리스도께서 그를 구별하여 이미 하나님께 바쳤기에 바쳐지지 않은 사람들과 구별되었다는 것입니다(롬 1:6).

이스라엘은 거룩한 나라였습니다. 겉으로 봤을 때는 세상 나라와 같은 형태를 갖추고 있었지만 그들의 실질적인 왕은 하나님이셨습니다. 이런 점에서 이스라엘이 다른 나라들과 구별되었던 것처럼, 그리스도의 교회의 신자들도 이 세상에 속해 있지만 거룩한 나라에 속해 있는 사람들입니다.

거룩한 나라에 속한 하나님의 자녀로서의 정체성은 이 세상 나라 백성의 정체성에 우선합니다. 그래서 신자는 그리스도의 통치를 받는 사람입니다. 이 세상 사람들과는 구별된 가치관과 인생관으로 거룩한 삶을 살아가야 할 구별된 족속인 것입니다.

그러나 많은 그리스도인들은 자신을 원리적으로 주께 바쳤음에도 불구하고 실제적인 삶에 있어서는 그것을 거부하고 자기 좋은 대로 살아갑니다.

소유된 백성 : 사랑

넷째로, 그리스도인은 하나님의 소유가 된 백성입니다(벧전 2:9). 소유된 백성이라는 표현은 하나님과 나누는 사랑의 관계를 보여줍니다.

여기서 '소유'에 해당하는 헬라어의 히브리어 동치어가 세굴라(סְגֻלָּה)인데, 세굴라는 '값진 재산', '특별한 보물'을 의미하는 단어입니다. 이 단어는 다음의 성경 구절에서 사용되었습니다. "너는 여호와 네 하나님의 성민이라 네 하나님 여호와께서 지상 만민 중에서 너를 자기 기업의 백성으로 택하셨나니"(신 7:6).

여기에서 '자기 기업의 백성'은 히브리어로 암 세굴라(סְגֻלָּה עַם)인데 직역하면 '보물의 백성'이라는 뜻입니다. 성경 여러 곳에서 세굴라는 보석이라는 의미를 갖습니다. 흠정역(KJV) 성경이 말라기 3장 17절에서 나오는 이 단어를 '나의 보석'(my jewels)이라고 번역한 것이 그 예입니다.

이러한 해석을 따르면 그리스도인의 정체성은 하나님께 보물 같은 존재라는 의미가 됩니다. 그 가치를 온전하게 인정받고 충만한 사랑을 받게 되었다는 것입니다. 그리스도인은 이미 구원받은 하나님의 자녀로서 하나님께는 보물과 같은 존재이며 그렇게 돌봄을 받고 있습니다.

어떤 물건의 가치는 그것을 주고 산 대가를 보면 알 수 있습니다. 십자가에 못 박혀 죽으신 예수님을 보면 한 사람, 한 사람이 얼마나 소중한 사람인지를 알 수 있습니다.

겉으로 봤을 때는 우리가 소중한 사람인 것 같지 않습니다. 그러나 하나님께서는 당신의 아들을 십자가에 못 박아 죽게 하면서까지 우리를 사셨습니다. 이러한 사실은 우리가 하나님 앞에 얼마나 소중한 존재인지를 보여줍니다.

빛 가운데로 불러 주심

하나님의 자녀는 택하신 족속이요, 왕 같은 제사장이요, 거룩한 나라요, 그의 소유된 백성입니다(벧전 2:9). 우리 같은 사람이 이런 정체성을 갖게 된 것은 우리의 어떠한 노력에 의해서 된 것이 아니라 하나님의 은혜로 주어진 것입니다.

그러나 그 은혜에는 반드시 계획이 있습니다. 성경은 이것이 구원의 덕을 선포하기 위함이라고 말합니다. "이는 너희를 어두운 데서 불러내어 그의 기이한 빛에 들어가게 하신 이의 아름다운 덕을 선포하게 하려 하심이라"(벧전 2:9).

하나님께서는 어둠에 있던 우리를 불러내어 그의 기이한 빛에 들어가게 하셨습니다. 우리는 한때 어둠이었습니다(엡 5:8). 어둠 속에서 살았기에 자신이 누구인지, 이 세상의 존재 의미가 무엇인지, 어떻게 살아야 잘 사는 것인지 알지 못했습니다. 하나님이 존재하신다는 것도 몰랐습니다. 그래서 자신이 생각하기에 좋은 대로 살았습니다. 하나님을 거스르며 악하게 자신이 살고 싶은 대로 살았습니다.

그런데 하나님께서 큰 능력으로 우리를 어둠에서 불러내어 그의 기이한 빛에 들어가게 하셨습니다.

성경에서 빛은 세 가지 용례로 쓰입니다. 먼저, 자연적인 빛입니다. 이 빛은 자연적인 햇빛을 의미합니다. 다음으로, 도덕적인 의미로 쓰입니다. "이같이 너희 빛이 사람 앞에 비치게 하여 그들로 너희 착한 행실을 보고 하늘에 계신 너희 아버지께 영광을 돌리게 하라"(마 5:16). 이 빛은 윤리의 빛입니다. 마지막으로, 신학적인 빛입니다. 이것은 진리 혹은 예수 그리스도를 가리킵니다. "참 빛 곧 세상에 와서 각 사람에게 비추는 빛이 있었나니 그가 세상에 계셨으며 세상은 그로 말미암아 지은 바 되었으되 세상이 그를 알지 못하였고"(요 1:9-10).

본문에서의 빛은 세 번째 의미, 즉 그리스도의 영광의 빛을 의미합니다. 그리스도로 말미암아 이 세상에, 신자의 마음 안에 도입되는 진리의 빛입니다. 예수 그리스도는 온 인류의 빛입니다.

이 빛은 우리에게 생명과도 같습니다(요 1:4). 이 빛 때문에 어둠이 물러

갔고 하나님을 알게 되었기 때문입니다. 이 빛을 받은 사람이어야 비로소 하나님께서 왜 이 세계를 창조하셨는지, 우리 인생이 무엇을 지향하며 살아야 하는지에 대한 대답을 가질 수 있습니다. 그래서 이 빛의 비추임을 받은 사람은 곧 현자(賢者)입니다(고전 3:18).

예전에 우리는 어둠 가운데 있는 사람들이었습니다. 어둠 속에서 눈멀어서 무엇이 옳고 그른지를 판단하지 못하던 무지몽매한 사람들이었습니다. 그래서 빛의 일보다는 어둠의 일을 더 좋아하던 사람들이었습니다. 예수 그리스도를 통한 구원은 이런 캄캄한 어둠에 기이한 빛이 들어온 것이고, 구원받은 자는 이 진리의 빛 안에 지속적으로 살 수 있는 사람입니다.

믿지 않는 사람들을 향한 복음 전도는 우리가 누리는 이 빛을 나누어 주는 것입니다. 그 빛으로 인하여 마음이 뛰고 행복한 사람은 그 빛을 전파하지 않을 수 없습니다. 영적인 어둠 속에 있는 사람들을 보면서 마음 아파하지 않을 수 없습니다. 그리하여 자신 안에 있는 이 진리의 빛을 다른 사람들에게 나누어 주기를 원합니다.

기이한 덕을 선포케 하시려고

성경은 하나님께서 우리를 빛으로 불러 주신 것은 하나님의 덕을 선포하게 하려 하심이라고 말합니다. 많은 신학자들은 본문에서 말하는 이 '덕'의 선포가 이사야 43장 21절과 관련이 있다고 봅니다. "이 백성은 내가 나를 위하여 지었나니 나를 찬송하게 하려 함이니라"(사 43:21).

여기에서 '나를 찬송하게 하다.'는 '그들이 나의 찬송을 상세히 말하게 하다.'의 뜻입니다(욥 12:8, 15:17). 하나님께서 인간에게 베푸신 위대한 구원 행동에는 그분의 성품(속성)이 묻어 있습니다. 이 성품이 인간과의 관계 속에서 시행되는 것을 '덕'이라 할 수 있습니다. 즉, '덕을 선포한다.' 라는 것은 하나님께서 우리를 구원해 주신 그 위대한 성품 곧 지혜와 선함, 사랑, 권능과 공의 등을 찬송한다는 것을 말합니다.

구원을 받은 하나님의 자녀는 마땅히 하나님의 덕을 찬송하며 살아야 합니다. 아직 하나님을 믿지 못하는 사람들에게 그들을 향한 하나님의 사랑이 얼마나 크고 넓은지를 보여주어야 합니다.

그래서 신자의 사명은 하나님께서 우리를 위해 어떤 일을 하셨는지, 하나님께서 우리를 어떻게 사랑하고 긍휼히 여기셨는지, 우리에게 어떻게 소명을 주셨는지에 대해 사람들에게 상세하게 선포하는 것입니다(고후 2:15, 3:2). 그것은 단지 언어적 선포에만 국한되지 않습니다. 우리의 전 존재를 아우르는 선포입니다. 그것이 바로 구원받은 하나님의 자녀가 주님께 영광을 돌리는 삶입니다(살전 1:8).

하나님의 나라는 이미 왔으나 아직 우리의 선포를 기다리고 있습니다. 하나님께서는 거룩한 존재의 울림으로 이 세상에 하나님의 덕을 선포하도록 우리를 부르셨습니다. 우리를 택하신 족속, 왕 같은 제사장, 거룩한 나라, 하나님의 보물로 불러 주신 것도 바로 이 때문입니다.

그래서 우리들은 때를 얻든지 못 얻든지 자신을 구원하신 하나님의 사랑과 그리스도의 은혜를 전파하는 삶을 살아야 합니다(딤후 4:2). 이것이 하나님을 향한 최고의 사랑의 표현이며, 그 누구도 자신을 구원한 그리스도 예수를 사람들에게 전파하기 전까지 주님을 향한 사랑을 충분히 고백했다고 말할 수 없습니다.

전파하는 선교적 삶

신자는 예수 그리스도 안에서 영광스러운 지위를 부여받았습니다(롬 8:16-17, 11:13, 엡 1:8-9). 그리고 이 세계를 향한 하나님의 위대한 구원의 경륜의 성취에 이바지하도록 요구받습니다. 그것은 천사가 보기에 흠모할 만한 값진 것입니다(벧전 1:12).

때로는 하나님의 경륜이 너무 위대해 보여서, 실제 우리의 삶은 매우 사소해 보이기도 합니다. 하나님의 위대한 경륜과는 상관이 없는 것처럼 보입니다.

그러나 그렇지 않습니다. 하나님 앞에서 아내와 남편이 가정을 바르게 세우는 일, 성도들이 교회에서 지체들과 올바른 관계를 맺는 일, 직장에서 정직하게 일하고 이웃 사람들과 평화롭게 살아가는 시민으로서의 삶은 하나님의 위대한 경륜을 이루는 데 매우 중요합니다(골 3:18-4:1, 벧전 3:1-7). 이 모든 일상적인 삶이 우리가 하나님의 탁월하신 덕을 선포할 수 있는 장이기 때문입니다.

성경의 이러한 가르침은 세상의 가르침과는 다른 그리스도인의 지혜를 보여줍니다. 그리고 거기에는 유일하고 확실한 토대가 있습니다. 그것은 바로 그리스도인의 산 소망이 되시는 우리 주 예수 그리스도입니다(딤전 1:1). 그래서 베드로는 말합니다. "예수 그리스도를 죽은 자 가운데서 부활하게 하심으로 말미암아 우리를 거듭나게 하사 산 소망이 있게 하시며"(벧전 1:3).

우리는 그리스도 예수의 십자가의 사랑이 얼마나 위대한 것인지를 알게 된 때부터 그리스도를 위해 살기로 작정한 사람들입니다. 그래서 우리의 인생의 목표를 하나님의 영광에 고정하였습니다.

물론 거룩한 목표를 위해 살 때 우리의 삶에는 고난과 희생, 아픔과 좌절, 눈물이 따를 것입니다. 그러나 우리의 그런 삶을 통해 이 세상에 선포되는 하나님의 덕들의 열매를 볼 것이기 때문에 우리는 충분히 기쁠 것입니다.

한 인간으로 태어나서 하나님의 거룩한 영광을 위해 쓰임받는다면 이 얼마나 감격적인 일일까요?

한눈에 보는 7장 그리스도인은 누구인가

그리스도인의 정체

베드로 사도는 하나님의 자녀가 된 그리스도인이 누구인지에 대해 말합니다. 그들의 정체가 무엇인지를 분명히 함으로써 자신들을 자녀 삼으신 하나님의 궁극적인 목적이 무엇이며, 어떻게 살아야 그 목적에 부합하는지를 알려 주고자 하였기 때문입니다.

첫째로, 그들은 택하신 족속입니다. 이것은 하나님께서 창세 전에, 당신의 기쁘신 뜻을 따라 우리를 선택하셨음을 보여줍니다. 둘째로, 그들은 왕 같은 제사장입니다. 이것은 그리스도인의 사명이 아직 구원받지 않은 나라와 민족을 하나님께로 돌아오게 하는 것임을 보여줍니다. 셋째로, 그들은 거룩한 나라입니다. 그리스도인은 하나님께 바쳐졌기 때문에 그렇지 않은 사람들과 구별되어 하나님의 통치를 받는 사람들입니다. 넷째로, 그들은 하나님의 소유가 된 백성, 즉 보물과 같은 백성입니다. 그리스도인은 하나님께 보물과 같은 존재이며 그렇게 돌봄을 받고 있습니다.

구원의 덕을 선포하는 삶

하나님께서 어둠에 있던 우리를 불러내어 그의 기이한 빛으로 들어가게 하신 것은 하나님의 덕을 선포케 하기 위함입니다. 이 '덕' 은 하나님께서 베푸신 구원에 나타난 그분의 성품(속성)입니다. 그러므로 신자의 사명은 하나님께서 우리를 위해 어떤 일을 하셨는지, 그분이 어떤 분이신지를 자신의 전 존재로 이 세상에 선포하는 것입니다.

나눔 1. 베드로 사도는 본문에서 이 편지의 수신자들에게 하나님의 자녀의 정체가 무엇인지를 가르쳐 주고 있습니다. 여러분은 베드로 사도가 말한 하나님의 자녀의 정체성을 붙들면서 살고 있습니까? 이러한 신자의 정체성에 감격하며 살고 있습니까?

나눔 2. 베드로가 말하는 신자의 정체성 네 가지 중 자신에게 가장 새롭게 깨달아지는 것은 무엇입니까? 혹은 자신과 가장 거리가 먼 것처럼 느껴지는 것이 있다면 무엇입니까?

나눔 3. 우리들은 때를 얻든지 못 얻든지 자신을 구원하신 하나님의 사랑과 은혜를 전파하는 삶을 살아야 합니다. 이것이 하나님을 향한 최고의 사랑의 표현이며, 그 누구도 자신을 구원한 그리스도 예수를 사람들에게 전파하기 전까지 주님을 향한 사랑을 충분히 고백하였다고 할 수 없습니다. 자신의 삶의 자리에서 하나님의 덕을 선포하는 삶을 실천할 방법은 무엇일지 나누어 봅시다.

3부

이기게 하시는

하나님

그리스도인의 승리하는 삶은 구속에 근거하고 있고, 그 구속은 우리를 향한 하나님의 사랑을 바탕으로 하고 있습니다. 즉, 그리스도인의 삶에는 궁극적으로 승리가 보장되어 있습니다. 그러나 안타깝게도 너무나 많은 그리스도인들의 현실이 패배로 점철된 삶입니다. 그리스도인이 되었음에도 불구하고 패배의 삶을 살게 되는 것은 예수 그리스도와 사랑으로 연합된 삶을 살고 있지 못하기 때문입니다. 승리를 위해서 필요한 생명의 자원들은 예수 그리스도와의 연합을 통해 우리에게 주어집니다. 그래서 그리스도인의 승리하는 삶의 또 다른 이름은 '그리스도의 사랑으로 이기는 것'입니다.

우리는 하나님의 자녀가 되었지만, 죄악으로 물든 이 땅에 발을 디딘 채 살아가야 합니다. 예수 그리스도께서 우리를 위해 죽으셨을 뿐 아니라 다시 살아나셨고, 지금도 우리를 위해 하나님의 보좌 우편에서 간구하고 계시지만, 그런 놀라운 사랑을 받았음에도 불구하고 우리가 살아 내야 할 현실적 삶에는 환난과 곤고, 박해와 기근, 적신과 위험, 칼 등이 도사리고 있는 것입니다. 그러나 분명한 것은 그 모든 위협은 우리가 속수무책으로 당하기만 하며 감내해야 할 현실이 아니라 적극적으로 싸워 이겨 내야 할 현실이라는 것입니다. 그리고 그렇게 이기게 하시는 분은 하나님이시라는 사실입니다.

그래서 사도 바울은 로마서에서 이렇게 말합니다. "그러나 이 모든 일에 우리를 사랑하시는 이로 말미암아 우리가 넉넉히 이기느니라"(롬 8:37). 여기서 사도가 거론하고 있는 '이 모든 일'은 인간의 일상적인 고난이 아닙니다. 하나님을 사랑하는 자, 그 뜻대로 부르심을 받은 자들이 하나님의 구원의 계획을 따라 살아가려 할 때 당하게 되는 시련을 의미합니다.

그 시련들은 결코 만만한 것들이 아닙니다. 우리는 우리의 인생의 무게도 견디지 못하여 하나님 앞에 손들고 나아온 사람들입니다. 그런데 그런 우리가 어떻게 신앙 때문에 받는 환난과 곤고와 박해와 적신과 기근과 위험과 칼을 이겨 낼 수 있겠습니까?

하지만 성경은 넉넉히 이기게 해주신다고 선언합니다.

그러므로 우리는 기억해야 합니다. 아무리 혹독한 현실, 아무리 어마어마한 대적이 앞에 있어도 두려워할 필요가 없음을 말입니다. 하나님께서는 우리가 그것을 이기며 살 수 있게 해주십니다. 우리는 우리를 사랑하시는 하나님으로 말미암아 그 모든 것을 넉넉히 이기며 살 수 있습니다.

골리앗과의 싸움에서 승리한 다윗은 본격적으로 이스라엘의 지도자로 부각됩니다. 이후 민심은 다윗을 향하였고 하나님께 버림받은 사울 왕은 그를 몹시 시기하게 됩니다. 사울 왕에게서 살해 위협까지 느낀 다윗은 급기야 이스라엘을 탈출하여 블레셋 땅 가드로 피신하기에 이릅니다. 신변에 위협을 느낀 다윗은 대문짝에 그적거리며 침을 수염에 흘려 위기를 모면합니다(삼상 21:10-15). 시편 34편은 다윗이 그러한 고난의 때를 지나며 지은 시입니다. 미친 사람 행세까지 하여 겨우 목숨을 부지하고 있는 상황에서도 다윗의 마음속에는 자기에게 선을 행하신 하나님을 향한 찬송이 벅차올랐습니다. 그래서 이스라엘 사람들에게 말합니다. "너희는 여호와의 선하심을 맛보아 알지어다!"

8장
선하신 하나님

너희는 여호와의 선하심을 맛보아 알지어다
그에게 피하는 자는 복이 있도다

시 34:8

선하심을 찬양함

다윗은 하나님의 사랑을 많이 받은 사람이었기에 사람들이 본받고 싶어 합니다. 그러나 인간적으로 본다면 다윗처럼 고통을 많이 받은 사람도 없습니다.

그는 어려서는 부모의 사랑을 받지 못했습니다. 특별히 아버지로부터 차별을 받았습니다. 사무엘이 사울의 뒤를 이어 왕이 될 사람에게 기름을 붓기 위해 왔을 때 다윗은 제사에 참여하지 못하고 들에서 양을 돌봐야 했습니다(삼상 16:11). 막내임에도 불구하고 목숨을 건 전쟁터에 심부름을 가야 했습니다(삼상 17:17-18).

또한 그는 자기를 사랑하는 여자를 만나 결혼하기는 했지만 그 아내는 자신의 신앙세계를 이해하지 못하는 사람이었습니다(삼하 6:20-22). 시기심에 눈이 먼 장인은 자기를 죽이려고 집요하게 추격하였습니다. 눈에 넣어도 안 아픈 딸이 강간당했다는 소식이 들려왔는데, 알고 보니 강간범은 자기 배 속으로 낳은 아들이었습니다(삼하 13:1-14). 자신의 왕위를 빼앗으려는 반란이 일어났는데, 그 반란의 괴수는 바로 자신의 아들이었습니다(삼하 15:1-13).

이 모든 상처와 필설로 다할 수 없는 고난을 겪은 다윗은 약 80여 편의 시를 남겼습니다. 여러분은 그 많은 시편들 중 압도적인 주제가 무엇인지 아십니까? 바로 하나님의 선하심과 인자하심에 대한 찬양입니다. 그에게 하나님의 선하심은 영원불변하는 것이었고, 자신을 향한 하나님의 사랑은 하늘 끝까지 가득 찬 광대한 것이었습니다.

선 : 창조 목적에 부합하는 상태

성경이 우리에게 분명하게 선포하는 것은 하나님께서는 선하신 분이라는 사실입니다(시 107:1). 그런데 이 선이라는 것은 단순히 '보기에 아름답다.'는 의미라기보다는 하나님의 계획과 밀접한 관련이 있습니다.

성경에서 '선'이라는 단어가 처음 쓰인 곳은 창세기입니다.[26] "빛이 하나님이 보시기에 좋았더라"(창 1:4). 이 구절에서 '좋다.'에 해당하는 히브리어는 **토브(טוֹב)** 인데, '선한', '좋은', '훌륭한'이라는 의미를 갖습니다. 그런데 첫째 날 빛이 있었을 때 그 모습이 정말 보기에 아름다운 모습이었을까요? 땅이 혼돈하고 공허하며 흑암이 깊음 위에 있었습니다(창 1:2). 그때 빛을 비추어 그 모습이 밝히 드러났을 때 정말 보기에 좋았을까요? 만약 우리가 그 모습을 보았다면 아름답다고 말할 수 없었을 것입니다.

그러나 하나님께서는 보기에 좋았습니다. 이것은 결국 선이라는 것은 하나님의 계획과 밀접한 관련이 있음을 알 수 있습니다. 그 단계 하나하나는 만족스럽지 않았지만, 그것을 통해 또 다른 계획이 드러날 것을 바라볼 때 그것이 좋았던 것입니다. 그러므로 '좋다.'라는 것은 하나님께서 의도한 대로 창조되어, 그 피조물이 당신이 원하는 상태에 있다는 것을 말합니다.

여기에서 우리는 이 선이 인간이 생각하기에 '좋다.'라는 것이 아니라 하나님께서 보실 때 완벽한 조화와 균정을 이룬 상태임을 알 수 있습니다. 이것이 우리에게 문제가 됩니다. 왜냐하면 우리가 선하게 생각하는 것과 하나님께서 선하게 생각하는 것이 일치하지 않을 때, 우리는 하나님의 선하심을 의심하기 때문입니다.

있는 선과 경험된 선

우리는 우리가 생각하는 선을 하나님의 선보다 더 대단하게 생각하며 사는 때가 많습니다. 그래서 하나님께 순종할 수 없습니다. 자신이 좋다고 생각하는 대로 계속 살고 싶기 때문입니다. 이러한 생각 깊은 곳에는 자신의 존재가 새롭게 변화되어서 하나님의 마음에 드는 사람이 되기보다는 하나님께서는 내가 필요할 때 나타나 도와주시기만 하면 된다는 마음이 있습니다. 하나님께서는 내가 원할 때 내가 원하는 방식으로 나를 도와주시기만 하면 됩니다. 그는 하나님의 뜻을 이루는 삶보다는 자신이 살고 싶은 구도의 인생을 살고 싶은 것입니다.

그러나 그리스도인의 성화의 삶은 하나님의 선을 나의 선으로 받아들이는 순복의 과정이라고 해도 과언이 아닙니다. 하나님의 선하심이 나에게도 선하다는 사실을 감격적으로 받아들일 때까지 우리는 부서지고 더 깨어져야 합니다. 자신의 생각이 부서지고, 자신의 인생의 목표가 깨뜨려지고, 자신의 행복만을 위해 살려는 자아 중심적인 욕구가 부서져야 합니다.

그때 주님이 우리에게 바라시는 모습이 어떠함을 알려 주실 때 우리는 아멘하고 받아들일 수 있습니다. 주님의 손에 의해 빚어질 수 있는 한 덩이의 좋은 진흙이 되는 것입니다.

그러기 위해서는 주님을 만나야 합니다. 더 깊이, 더 많이 만나야 합니다. 그때 주님의 손이 나를 무엇으로 빚든지 그것이 가장 선한 것이고, 하나님 보시기에 좋은 것이면 나 보기에도 좋은 것이라는 확신으로 우리를 주님의 손에 맡겨 드릴 수 있습니다. 그래서 다윗은 이렇게 말합니다. "너희는 여호와의 선하심을 맛보라, 그리고 알지어다!"(시 34:8).

시편 34편은 다윗이 언약 백성인 이스라엘 사람들을 향해 쓴 시입니다. 그들 모두 하나님께서 살아 계시다는 사실을 믿고 있었습니다. 하나님께서 선하신 분이라는 것도 알았습니다. 그러나 다윗은 그것이 그들의 인생에 도움이 되지 않는다고 생각하였습니다. 그래서 그들에게 하나님의 선하심을 맛보라고 촉구합니다. 그때에야 그들이 하나님의 선을 자신의 선으로 받아들일 수 있기 때문입니다.

여기에서 우리는 존재하는 선과 경험하는 선을 생각하게 됩니다. 하나님께서는 분명히 살아 계시고 온 땅과 만물 위에 초월하여 계십니다. 우리가 그 사실을 믿든지 믿지 않든지 언제나 선하신 분입니다.

맑은 하늘 아래 졸다가 깬 개가 하늘을 향해 짖어댄다고 태양이 빛을 잃겠습니까? 인간이 하나님이 계시니 안 계시니, 좋은 분이니 나쁜 분이니라고 떠든다고 할지라도 하나님께서는 언제나 태양처럼 변함없이 거기 계셔서 당신의 선하심을 모든 피조물에게 나누어 주십니다(약 1:17).

그렇지만 우리는 하나님의 선하심을 경험하여야 합니다. 하나님의 객관적인 선하심이 신앙 안에서 주관적으로 경험될 때 우리 자신에게 유익이 되기 때문입니다.

선을 경험하는 믿음

우리가 애매한 고난을 당하든지 혹은 우리의 죄와 불순종으로 고난을 당하든지 간에 하나님께서는 그러한 상황 속에서 당신의 선하심을 믿고 바라보는 사람들에게 실제로 선을 베푸시는 분입니다. 우리는 그러한 예를 요셉에게서 발견합니다.

그는 슬픔의 사람이었고, 상처의 사람이었습니다. 어린 나이에 형들에게 미움을 받아 이방의 땅에 종으로 팔려 갔습니다(창 37:18-28). 언어가 다른 땅에서 그는 필설로 다할 수 없는 고통스러운 나날들을 보냈을 것입니다. 그러나 그의 고백은 이것이었습니다. "당신들은 나를 해하려 하였으나 하나님은 그것을 선으로 바꾸사"(창 50:20).

여기에서 요셉이 "하나님께서 악을 선으로 바꾸셨습니다."라고 말한 것은 자신이 애굽의 총리가 된 것을 말하는 것이 아닙니다. 하나님께서 흉년으로 굶어 죽어가는 수많은 인류를 살리신 일을 가리킵니다.

그 일을 이루기 위해서는 요셉이 필요했고, 그는 높은 지위에 있어야 했습니다. 그가 애굽의 총리가 되기 위해서는 왕의 인정을 받아야 했고, 그 일을 위해서는 누군가가 그를 천거해야 했습니다. 그러기 위해서는 투옥되어야 했고, 투옥되기 위해서는 모함을 받아야 했습니다. 모함을 받기 위해서 그는 주인의 집에 드나들 수 있는 정도의 지위에 있어야 했고, 그러기 위해서 그는 애굽 사람 보디발의 집의 총무로 있어야 했습니다. 그리고 이 일을 위해서 그는 애굽에 종으로 팔려 왔어야 했습니다.

그러나 요셉의 입장에서 생각해 보십시오. 애굽에 종으로 팔려 갈 때 그 상황은 결코 선한 것이 아니었습니다(창 37:28). 노예살이를 하다가 억울한 누명을 쓰고 감옥에 갇혀야 했을 때 그것을 선으로 받아들인다는 것은 불가능한 일입니다(창 39:20). 술 맡은 관원장이 그의 도움을 잊었기에 감옥에서 2년을 더 지내야 했을 때 그것을 선으로 받아들일 수는 없었을 것입니다(창 40:23). 그럼에도 불구하고 요셉은 선하신 하나님에 대한 신앙을 잃어버리지 않았습니다.

그에게는 믿음이 있었습니다. 형들의 곡식단이 모두 일어서서 자신의 곡식단에 절하고, 해와 달과 열한 별이 자기에게 절하는 하나님의 꿈을 기억하였습니다(창 37:7, 9). 그것이 무엇인지는 정확히 알 수 없었지만 자신의 인생에서 지금 이 상황이 최종 종착지는 아닐 것이라는 믿음이 있었습니다.

지금의 이러한 상황은 모두 하나님께서 내 인생을 향한 궁극적인 계획을 이루어 가는 과정이라는 믿음이 그에게 있었던 것입니다. 그리고 그의 최대의 관심사는 왜 그 일이 '지금' 이루어지지 않는가가 아니라 하나님의 선을 믿는 신앙으로 '지금'을 살아가는 것이었습니다.

아무리 보잘것없는 신자라고 할지라도 하나님께서는 그 한 사람을 구원해 놓으신 계획이 있습니다. 가장 초라해 보이는 그리스도인이라고 할지라도 하나님께서 그에게 은혜를 주실 때는 그를 통해 이루고 싶은 계획이 있습니다. 그 계획이 온전히 이루어지는 것이 자신에게 가장 좋은 것임을 믿는 사람이 하나님의 선을 믿는 그리스도인입니다.

누가 선을 경험하는가

예레미야 선지자는 하나님께서 누구에게 선을 베푸시는지를 이렇게 말합니다. "기다리는 자들에게나 구하는 영혼들에게 여호와는 선하시도다" (애 3:25).

여기에서 '기다리다.' 라는 말은 '앙망하다.' 라는 의미입니다. 그리고 '구하다.' 는 '추적하다, 따라가다.' 라는 의미입니다. 그러므로 여기에서 이야기하는 기다리며 구하는 것은 막연히 운명에 자신을 맡기면서 고통의 시간이 지나가기를 기다리는 것이 아닙니다. 그 무엇을 향해 간절한 마음으로 고대하고 있는 마음의 상태를 말합니다.

이러한 앙망과 추구의 대상은 바로 하나님입니다. 하나님을 앙망하고 그 하나님을 추구하는 사람들에게 하나님께서는 선을 베푸신다는 것입니다.

예레미야애가에 나타난 선지자의 상황을 보십시오. 나라는 망했고 성전은 부서졌습니다. 그가 울고 있는 이유는 예루살렘이 무너졌고 나라가 국권을 상실하였기 때문입니다. 하나님을 섬길 수 없도록 성전이 파괴되었기 때문입니다.

그렇다면 그가 가장 먼저 해야 할 일은 의병을 조직하고 나라를 해방시킬 일꾼들을 모으는 것이 아니겠습니까? 건축 헌금을 모아서 무너진 성전을 다시 재건하는 일이 아니겠습니까? 그러나 보십시오. 그는 하나님을 찾고 추구하기를 원했습니다.

우리는 많은 고통과 어려움을 겪습니다. 그래서 고난과 시련에 처한 사람들은 자신의 운명을 바꾸기 위해서 부지런히 애쓰고 몸부림칩니다. 하지만 그 몸부림은 너무나 절망적인 경우가 많습니다. 자신의 어려움이 자신과 하나님 사이의 잘못된 관계에 있음을 생각하는 사람들은 너무나 드뭅니다.

그러나 성경은 우리에게 환경과 싸우는 사람이 되지 말고 하나님을 추구하는 사람이 되라고 말합니다.

인생에서 가장 중요한 문제는 무엇을 해서 밥을 먹고 사느냐가 아닙니다. 얼마나 높은 지식을 쌓았느냐도 아닙니다. 얼마나 사람들에게 알려졌느냐도, 얼마나 많은 재물을 얻었느냐도 아닙니다. 오히려 인생에서 가장 중요한 것은 그의 인생이 어디를 향하여 가는가입니다. 인생의 방향이 중요합니다.

하나님께서는 우리가 전심으로 우리의 마음의 시선을 하나님께 고정하고 살든지 죽든지 하나님만 바라보면서 자신의 인생의 길을 걸어가기를 원하십니다. 그 마음으로 하나님 앞에 간절히 매달리며 기도하길 바라십니다.

주님의 은혜를 구하고 도움을 구하지만 상황은 나아지는 게 없어 보일 때도 있습니다. 그러나 하나님께서는 놀랍게도 간절히 하나님을 바라보고 기도하는 그 사람의 마음속에서 먼저 역사하십니다. 그래서 기도하는 자를 먼저 변화시키십니다.

우리는 시련과 고난을 만날 때 비로소 깨닫습니다. 우리의 관심은 하나님께서 우리에게 주시는 것들에 있지만 하나님의 관심은 우리의 존재 자체임을 알게 됩니다. 그리고 우리가 의지할 것들은 이 세상에 있는 것들이 아니라 하나님의 사랑이라는 사실도 깨닫게 됩니다. 우리가 마음과 뜻과 목숨을 다해 전심으로 추구하며 살아야 할 분이 하나님 한 분이라는 사실을 깨닫게 되는 것입니다.

하나님의 선과 인간의 행복

인간은 고통을 당할 때 하나님을 생각하는 존재입니다. 다윗도 비참한 상황 속에서 자신의 인생을 붙들고 계신 선하신 하나님의 섭리를 발견하게 되었습니다. 그리하여 다윗은 이렇게 말합니다. "그에게 피하는 자는 복이 있도다"(시 34:8).

여기에서 '복'은 히브리어로 에쉐르(אֶשֶׁר)입니다. 히브리어에서 말하는 복은 크게 두 가지로 나눌 수 있습니다. 베라카(בְּרָכָה)와 에쉐르(אֶשֶׁר)가 그것입니다. 베라카는 물질적인 유익을 얻는 기쁨에서부터 정신적인 즐거움에 이르기까지 넓은 의미의 복을 가리킵니다. 이에 비하여 에쉐르는 정신적이고 영적인 복입니다. 하나님과의 언약 관계에 있는 이스라엘 백성들만이 받을 수 있는 복을 가리킵니다.

다윗은 죽을 위기에서 벗어났을 때 감격하였습니다. 그러나 그는 여전히 도망자 신세였습니다. 자신의 손에는 떡 한 덩이, 포도주 한 병 없었습니다. 그런데 그는 하나님께 피하는 자가 받는 복을 충만히 경험하였습니다. 하나님의 선하심이 자신의 영혼을 어루만졌기 때문입니다.

남자의 존귀의 상징이라고 할 수 있는 수염에 침을 질질 흘리며 미치광이 행세를 하여 겨우 도망치는 다윗의 신세는 세상 사람들 눈에는 전혀 행복해 보이지 않는 것이었습니다. 그러나 시인의 마음속에는 이 세상 그 누구도 알지 못하는 거룩한 행복이 가득하였습니다. 이것이 바로 에쉐르의 행복입니다.

하나님을 멀리 떠나 고통 가운데 있다가 하나님께로 돌아오는 것은 기쁜 일입니다. 하지만 여러분이 그렇게 회개하고 돌아온다고 하더라도 하나님께서는 즉시 물질적인 축복을 퍼부으시지 않습니다. 여러분의 건강을 회복시켜 주시거나 여러분을 괴롭히던 사람을 멀리 보내 버리시지 않습니다. 물론 그렇게 하실 수도 있지만 그렇게 하지 않으실 때가 더 많습니다.

그러나 하나님께로 돌아오는 사람들에게 하나님께서는 즉각적으로 에쉐르의 축복을 주십니다. 당신의 품으로 돌아오는 사람들에게 위로와 사랑을 보여주십니다.

우리를 죄악에서 건지며 다시 하나님과의 교제로 불러 주십니다. 어둠의 오류 속에서 빛의 진리로 우리를 이끌어 주십니다. 어제까지는 기도할 수 없었지만 이제 기도하게 하시고, 어제까지는 절망을 벗 삼아 슬픔 속에 잠들었지만 오늘은 기쁨 속에서 새 아침을 맞게 하십니다. 즉가저으로 그렇게 하십니다. 이것이 에쉐르의 축복입니다.

참 행복에 이르도록

우리는 고통을 당할 때 종종 우리의 수많은 죄악이 생각나고 내가 당하는 이 고통이 주님의 진노의 심판이 아닐까 하고 염려합니다. 그러나 하나님께서는 어떤 경우에도 우리가 행한 죄 때문에 우리에게 복수하는 분이 아니십니다. 오히려 모든 좋은 은사와 온전한 선물이 하나님께로부터 온다는 것이 변하지 않는 진리입니다(약 1:17).

탕자를 멀리 떠나보냈던 아버지를 생각해 보십시오(눅 15:11-32). 아들은 아버지의 명예와 재산에 중대한 손해를 입혔고, 아버지는 피해자가 되었습니다. 그러나 사랑은 손해를 기억하지 않습니다. 사랑하는 사람에게 입은 손해는 우리의 마음속에서 쉽게 잊힙니다. 그리고 나에게 손해를 입힌 그의 잘못이 생각나는 것이 아니라 나를 떠나서 혼자 살아가고 있을 그가 당하는 고통으로 마음 아파하게 됩니다. 이것이 사랑입니다.

우리의 마음 안에는 우리도 미처 알지 못하는 죄와 완고함이 스며들어 있습니다. 그래서 하나님께서는 종종 우리의 마음을 때립니다. 말씀을 통해서는 우리가 마음을 돌이키지 않기 때문에 우리의 환경을 흔드십니다. 환경이 흔들릴 때 우리의 마음도 흔들리고, 그때 우리는 비로소 하나님을 생각합니다. 고통으로 인하여 하나님 앞에 몸부림칠 때 우리의 마음 갈피갈피에 숨어 있던 죄와 완고함은 우리에게서 발견되고 떨어져 나옵니다. 이때 우리는 비로소 우리의 인생을 실제로 움직이고 있는 하나님의 사랑의 손길을 느낍니다.

인간은 본래 삼위일체 하나님 안에 있는 사랑 안에서 행복을 누리면서 살도록 창조되었습니다. 그리고 그 사랑으로 모든 사람들을 사랑하며 연합을 이룸으로써, 전체적으로 하나님께서 인류를 창조하신 큰 뜻을 이루기 위해 지음받았습니다.

그래서 하나님의 기쁨은 이 세상의 인간들이 당신과 교제하는 가운데 당신의 지성과 의지를 이해하고 당신을 사랑함으로써 당신이 기뻐하시는 뜻을 이 세상에 펼쳐 나가는 것이었습니다. 하나님께서는 인간을 통해 아름다워지는 세계를 바라보며 기뻐하시고 인간은 그런 하나님을 바라보며 즐거워하는 세상이 되기를 바라셨던 것입니다. 이처럼 인간의 행복은 하나님 안에 존재하고, 인간의 모든 불행은 하나님 밖에서 행복을 찾는 데 있습니다.

예수 그리스도께서는 우리가 잃어버린 복을 당신 안에서 다시 누리게 하기 위해 이 세상에 오셨고, 십자가의 죽음과 부활로써 이 일을 이루셨습니다. 그렇게 함으로써 하나님께서는 우리를 다시 창조의 목적으로 돌아오게 하십니다.

하나님께서는 그것을 만세 전에 예정하셨고(엡 1:4), 시간과 공간의 펼침을 통해서 우리를 이 땅에 태어나게 하셨습니다. 그 선한 일들을 우리를 통하여 이룸으로써 이 땅 한 구석이 하나님의 창조의 목적을 드러내도록, 하나님의 영광을 높이도록 끝까지 섭리하십니다. 하나님의 열심은 결코 멈추지 않을 것입니다. 그것이 우리가 영원히 하나님을 찬양할 이유가 됩니다.

한눈에 보는 8장 선하신 하나님

선을 경험하라

하나님께서 의도한 대로 창조되어 하나님이 원하는 상태에 있는 것 그것이 선입니다. 곧 선이라는 것은 하나님의 계획과 밀접한 관련이 있습니다. 우리는 종종 자신이 생각하는 선과 하나님의 선이 달라서 괴로운 때를 지내기도 합니다. 그래서 우리는 하나님을 더 많이, 더 깊이 만나야 합니다. 그래야 하나님 보시기에 좋은 것이면 나 보기에도 좋다는 확신으로 자신을 주님의 손에 맡겨 드릴 수 있기 때문입니다.

고통을 당할 때

하나님께서는 선하신 분이지만 우리는 이 세상에서 많은 고통과 어려움을 겪습니다. 그 시련의 때에 하나님과 자신 사이의 관계를 생각해 보아야 합니다. 만약 우리가 시련과 고난을 만날 때에 하나님께 피한다면, 하나님을 간절히 앙망한다면 우리는 그 과정을 통해서 자신이 변하는 것을 알게 될 것입니다. 이때 우리는 우리의 인생을 실제로 움직이고 있는 하나님의 사랑의 손길을 느낄 것입니다.

하나님 안에서 찾는 복

인간은 본래 삼위일체 하나님 안에 있는 사랑 안에서 행복을 누리며 살도록 창조되었습니다. 그러나 죄로 인해 잃어버린 이 복을 회복시키기 위해 예수님께서 오셔서 우리를 구원하셨습니다. 하나님께서는 우리를 통해 이 땅 어느 한 구석이 하나님의 창조의 목적을 드러내도록, 하나님의 영광을 높이도록 섭리하십니다. 이것이 우리가 영원히 하나님을 찬양할 이유입니다.

나눔 1. 많은 상처와 필설로 다할 수 없는 고난을 겪은 다윗은 약 80여 편의 시를 남겼습니다. 그런데 그 시편들 중 압도적인 주제는 하나님의 선하심과 인자하심에 대한 찬양입니다. 이러한 사실이 당신에게 주는 도전은 무엇입니까?

나눔 2. 우리가 선하게 생각하는 것과 하나님께서 선하게 생각하는 것이 일치하지 않아 괴로웠던 때는 없었습니까? 그러한 때에 어떻게 하나님의 선과 자신의 선을 일치시키면서 지나왔는지 자신의 경험을 나누어 봅시다.

나눔 3. 우리는 시련과 고난을 만날 때 비로소 깨닫습니다. 우리의 관심은 하나님께서 우리에게 주시는 것들에 있지만 하나님의 관심은 우리의 존재 자체임을 알게 됩니다. 고난 가운데 있을 때 하나님을 추구함으로써 자신의 존재가 변화된 경험이 있다면 나누어 봅시다.

부모는 자녀를 낳아 양육하고 교육시킵니다. 자녀를 결혼시켜 한 가정을 이루게 하기까지 부모가 자녀에게 베푸는 은혜는 대가를 바라지 않는 사랑입니다. 그렇다고 해서 부모가 자녀에 대해 아무런 기대와 계획이 없는 것은 아닙니다. 부모에게는 이 아이가 어떤 사람이 되었으면 좋겠다는 기대, 어떻게 살기를 바라는 계획이 분명 있습니다. 우리는 하나님의 자녀이고 하나님께 은혜를 입은 사람들입니다. 그것도 매우 특별한 방식으로 은혜를 덧입은 사람들입니다. 은혜는 수혜자의 입장에서는 거저 받은 것이지만, 은혜를 베푸는 자의 입장에서는 분명한 목적을 갖고 주는 것입니다. 은혜는 그 목적에 부합하는 삶을 우리에게 요구합니다.

9장
목적이 있는 은혜

그리스도를 위하여 너희에게 은혜를 주신 것은 다만 그를 믿을 뿐 아니라
또한 그를 위하여 고난도 받게 하려 하심이라

빌 1:29

그리스도를 위한 은혜

하나님의 은혜는 우리로 하여금 하나님의 사랑을 알게 합니다. 은혜가 하나님의 사랑의 감화이기 때문입니다. 그리고 하나님의 사랑은 우리로 하여금 하나님의 사랑 안에 있는 계획이 무엇인지를 생각하게 합니다. 여기서 우리는 은혜와 소명의 관계를 생각하게 됩니다.

다른 사람에게 주지 않은 은혜를 나에게 주신 이유는 무엇입니까? 무엇 때문에 하나님께서 나에게 진리의 말씀을 깨닫게 하셔서 참과 거짓을 분별하게 하셨습니까? 소망 없이 절망할 때 위로와 희망을 주신 이유는 무엇입니까? 성령께서 우리의 마음을 녹이고 예수님의 넓은 사랑을 알게 하신 이유는 무엇입니까? 사도 바울은 하나님께서 빌립보 교회 교인들에게 은혜를 주셨는데 그 은혜가 예수님을 위한 것이라고 말합니다. "그리스도를 위하여 너희에게 은혜를 주신 것은"(빌 1:29).

어떤 사람들은 이렇게 묻습니다. 만약 하나님의 은혜가 우리로 하여금 예수님을 위해 살게 하기 위함이라면 그것이 어떻게 우리에게 은혜가 될 수 있겠느냐고 말입니다. 물론 하나님께서 예수님을 위해 사는 것을 조건으로 은혜를 주시는 것은 아닙니다. 그러나 우리가 분명히 알아야 할 것은 하나님께서 우리에게 은혜를 주신 것은 어떤 대가를 바라고 주는 것은 아니지만 우리에게 주시는 은혜 안에는 하나님의 분명한 계획이 있다는 사실입니다.

그렇다면 그 계획은 과연 무엇일까요? 그것은 구원받은 자에게 은혜를 주면 그가 하나님을 사랑하게 될 것이고 그리스도를 위해 살 것이라는 것입니다. 우리가 하나님의 은혜의 계획을 따라 사는 것은 하나님께만 영광이 될 뿐만 아니라 우리 자신에게도 진정한 행복입니다. 이 둘 사이에 어떠한 모순도 없기에 하나님께서는 우리에게 구원의 은혜를 베풀어 주십니다.

자기 만족을 위한 은혜가 아님

성경은 하나님의 은혜가 그리스도를 위한 것이라고 말합니다(빌 1:29). 은혜의 용도는 은혜가 주어진 통로와 밀접한 관련이 있습니다. 하나님께서 우리에게 주시는 은혜는 하나님께서 그리스도에게 주신 것입니다. 그 은혜가 그리스도의 신부인 교회에 전가되고, 그 교회에 우리가 영적으로 접붙여 있기 때문에 신부가 누리는 그 은혜를 우리도 받아 누립니다. 그래서 이 은혜는 그리스도에 의한 것이자, 그리스도를 위한 것입니다. 그러나 은혜를 받은 사람들 중에 은혜가 목적 있게 주어졌다는 사실을 붙들고 살아가는 사람들은 극히 소수입니다.

사람들이 받은 은혜를 곧 잃어버리는 것은 하나님께서 은혜를 주신 목적과 그 계획에 합당한 삶을 살지 못하기 때문입니다. 하나님께서 우리에게 은혜를 주실 때 의도하셨던 그 계획에 합당한 삶을 살지 못하면 은혜는 유지될 수 없습니다. 반대로 은혜를 받고 그 은혜의 계획에 따라 사는 사람들에게는 은혜가 증가됩니다. 더욱 풍성해집니다. 하나님을 아는 지식이 깊이를 더해 갑니다. 하나님의 은혜를 받아 그리스도를 위해 사는 사람들에게는 하나님께서 더 큰 은혜를 부어 주시기 때문입니다.

그러므로 하나님께서 우리에게 주신 이 은혜는 영적인 전투와 같은 삶의 현장을 위한 것입니다. 즉, 은혜는 자기 만족을 위한 것이 아니라는 것입니다. 그 안에서 머물도록 주신 것도 아닙니다. 사랑의 감화인 은혜를 주셔서 우리가 행할 수 없는 일들을 순종하며 살게 하는 것은 우리를 사랑하게 하기 위함이 아니요, 우리로 하여금 하나님을 사랑하며 그분께 순종하게 하기 위함입니다. 그래서 그리스도의 인격을 본받고, 그분의 섬김을 본받아 예수님께서 가셨던 그 길을 지금 우리들의 삶에서 성취해 가게 하기 위함입니다.

교회를 위한 고난

그렇다면 그리스도를 위해 산다는 것은 구체적으로 무엇을 의미할까요? 신자는 그리스도를 위하여 어떤 고난을 받는 것일까요? 우리는 이것을 교회를 위해서 받는 고난과 이 세상을 위해서 받는 고난으로 나누어 생각해 보려고 합니다.

예수님께서 이 땅에 계실 때 겪으신 우리의 구원을 위한 고난은 모두 성취하신 고난입니다. 우리의 구원을 위해 필요한 속죄의 고난, 율법의 요구대로 우리 죄를 대신 지고 죽으신 십자가의 고난은 예수님께서 모두 완성하셨습니다(요 19:30). 영원히, 단번에 완성하셨습니다. 우리는 거기에 더 보탤 것이 추호도 없고, 그 어떤 것으로도 구원의 은혜에 추가할 것이 없습니다. 그 고난은 오직 예수 그리스도 홀로 담당하셔야 할 것이었습니다.

그러나 성경은 또 다른 예수님의 고난을 제시합니다. 그것은 바로 그리스도께서 교회 안에 남겨 두신 고난입니다.[27] "나는 이제 너희를 위하여 받는 괴로움을 기뻐하고 그리스도의 남은 고난을 그의 몸된 교회를 위하여 내 육체에 채우노라"(골 1:24).

예수님께서 십자가에서 지신 고난이 당신 육체의 몸으로 짊어지신 것이라면 그리스도께서 이 땅에 남겨 두신 이 고난은 영적인 몸인 교회가 예수님과 함께 연합되어 있기 때문에 짊어지는 예수님의 고난입니다. 우리는 이 고난에 그리스도의 몸으로 접붙여진 상태에서 참여합니다.

이 고난은 우리를 성화시키기 위하여 남은 것이고, 그리스도 예수의 몸인 교회를 온전케 하기 위해 우리로 하여금 예수님과의 연합 안에서 지불하기를 바라는 고난입니다. 이 고난은 예수님께서 이 세상에 다시 오셔서 교회의 불완전한 모든 것을 떨쳐 버리고 완성하실 그날까지 누군가는 당해야 하는 고난입니다. 그래서 남아 있는 고난 혹은 그리스도의 남은 고난이라고 합니다.

하나님께서 우리에게 은혜를 주신 것은 이렇게 그리스도의 몸인 교회를 위해서입니다. 교회의 아픈 것을 나의 아픈 것으로 여기고, 교회의 고통을 나의 고통으로, 교회의 부족한 것을 나의 모자란 것으로, 나를 희생하고 바쳐서 교회를 온전케 하라고 하나님께서 은혜를 주십니다. 우리가 이 은혜를 따라 살 때 하나님께서는 더 큰 은혜를 부어 주십니다.

충만한 생명력과 놀라운 은혜를 유지하며 살던 비범한 사람들은 모두 교회의 사람들이었습니다. 어디에서든지 그들은 그리스도의 영적인 교회를 위해 자신의 몸을 드려 희생하였습니다. 자기로 말미암아 그리스도의 교회를 온전케 함으로써 자신도 주님 앞에 온전케 되려는 사람들이었습니다.

주님은 그들에게 이 모든 고난을 감당할 수 있는 은혜를 하늘로부터 부어 주셨습니다. 간절한 기도와 하나님을 향한 열렬한 헌신, 그들의 충성스러운 봉사는 모두 하나님께로부터 부어지는 불같은 은혜가 있었기에 가능하였습니다.

그런 점에서 그리스도를 위해 은혜를 주신 것은 바로 그리스도의 몸인 교회의 남은 고난을 우리 육체에 채워 교회를 온전케 하실 뿐 아니라 우리 자신도 온전케 하시기 위함입니다(골 1:24-29).

세상을 위한 고난

하나님께서 우리에게 은혜를 주신 것은 또한 이 세상을 위해서입니다. 왜냐하면 예수님께서는 단지 교회의 구주로만 오신 것이 아니라 결국 이 세상의 구주로 오셨기 때문입니다.

예수님께서는 이 세상에 계실 때 병든 자를 고치고, 주린 자를 먹이셨습니다. 방황하는 자들에게 하나님의 말씀을 전하셨지만 그들이 그런 혜택을 받기 전에 먼저 예수님을 사랑했던 것은 아니었습니다. 그들은 세상 사람들이었습니다.

그러나 예수 그리스도께서는 자신을 이 세상에 보내신 하나님의 뜻을 알았습니다. 이것은 바로 이 세상이 모두 하나님께로 돌아오게 하기 위함이었습니다. 그리하여 이 세상 사람들을 돌보며 섬겼습니다. 요한복음 10장에서 예수님은 탄식하듯이 말씀하십니다. "또 이 우리에 들지 아니한 다른 양들이 내게 있어 내가 인도하여야 할 터이니 그들도 내 음성을 듣고 한 무리가 되어 한 목자에게 있으리라"(요 10:16).

목자 잃은 양같이 유리하며 고생하는 영혼들을 바라보며 예수님께서는 말씀하셨습니다. "추수할 것은 많되 일꾼이 적으니 그러므로 추수하는 주인에게 청하여 추수할 일꾼들을 보내 주소서 하라"(눅 10:2).

그 부탁은 지금 우리에게도 유효합니다. 우리도 이 세상에서 예수님을 따라 세상을 섬깁니다. 우리의 자원과 노력으로 가난한 사람들을 돕고, 불쌍한 사람들을 보살핍니다. 용납하지 못할 것 같은 사람을 용납하고, 사랑하지 못할 것 같은 사람을 사랑합니다. 하나님께서 우리에게 은혜를 주신 것은 예수 그리스도께서 이 세상에 계셨더라면 살아가셨을 그 섬김과 삶을 살게 하기 위함임을 알기에, 우리는 예수님께서 지금 이곳에 계셨으면 하셨을 그 일을 하면서 살아가는 것입니다.

삶으로 아멘하라

성경은 하나님께서 은혜를 주신 것은 삶을 위한 것이라고 말합니다. 우리가 믿게 된 것도 하나님의 은혜지만 심리적으로 믿는 믿음에만 멈춘다면 그것은 진정으로 하나님께서 주신 은혜를 따르는 삶이 아니라는 것입니다. "너희에게 은혜를 주신 것은 다만 그를 믿을 뿐 아니라 또한 그를 위하여 고난도 받게 하려 하심이라"(빌 1:29).

반짝이는 모든 것이 금이 아니듯이 믿는다는 모든 것이 진정한 믿음일 수 없습니다. 마태복음 13장에 나오는 씨 뿌리는 비유를 생각해 보십시오. 거기에는 여러 종류의 믿음이 등장합니다. 돌밭에 씨가 뿌려졌습니다. 그는 즉시 반응했고 기쁨으로 그 말씀을 받았습니다. 그리고 뿌리가 났고 싹이 났습니다. 그러나 햇볕이 따갑게 내리쬐자 더 이상 뿌리는 뻗어 갈 수 없었고 말라 버렸습니다(마 13:5-6). 또 어떤 씨앗은 가시떨기 위에 뿌려졌습니다. 그곳에는 습기도 있고 양분도 있어서 뿌리가 내려졌습니다. 잎과 가지, 줄기도 나왔습니다. 그러나 가시나무 떨기에 막혔습니다(마 13:7). 세상의 염려와 근심, 재리의 유혹에 열매를 맺지 못했습니다. 생명이 있는가 없는가와는 상관없이 이것은 모두 일시적인 믿음입니다.

예수님께서 우리에게 가르쳐 주고 싶으셨던 참된 믿음은 이런 것이 아니었습니다. 삶으로 아멘하는 고백을 받고 싶어 하십니다.

그리스도 예수만을 위해 살지 못하게 하는 모든 방해하는 것들을 꺾어 버리고 삶으로 아멘을 고백하는 사람, 사망의 음침한 골짜기에서도 아멘이라고 말할 수 있는 사람, 세상의 즐거운 것과 유익한 것이 있지만 내게 주신 은혜가 그리스도를 위한 것임을 알기에 부당한 것을 거부할 수 있는 사람, 내게 주신 은혜가 너무 놀라워 나를 버리고 예수님을 붙드는 사람, 자기의 뜻을 버리고 예수님을 위해 살기에 고난의 길을 택하는 사람, 수많은 유익과 명성이 기다리고 있다고 할지라도 삶으로 아멘하기 위해 고난과 무명의 길을 택하는 사람, 바로 이 사람이 그리스도께서 주신 은혜를 붙들고 살아가는 사람입니다. 이것이 바로 사랑하기에 고난받는 믿음입니다.

사랑하기에 고난받음

사도 바울은 빌립보 교인들에게 말합니다. "오직 너희는 그리스도의 복음에 합당하게 생활하라"(빌 1:27). 여기에서 '생활하다.' 라는 단어는 헬라어로 폴리튜오(πολιτεύω)입니다.

그리스가 아직 작은 나라로 나뉘어져 있을 때 각각의 나라는 폴리스 즉 도시 국가의 형태를 취하였습니다. 각 폴리스는 지형적으로 높은 산들로 둘러싸여 있었기 때문에 각기 독립된 생활을 하고 있었습니다. 작게는 수천에서 크게는 몇 십만까지의 인구가 한 폴리스를 구성하고 있었다고 합니다. 그들은 각각 공동체를 이루면서 살고 있었고 관습법과 같은 법으로 통치되고 있었습니다. 지인들로 이루어진 인간관계를 기초로 하는 소단위 공동체였기 때문에 그들은 눈에 보이는 법률보다는 실제로 사람들의 인식 속에서 통용되는 가치관과 규범을 따라 생활하고 있었던 것입니다. 한 공동체에서 태어나 그 가운데 있는 관습과 규범을 삶으로 보여주며 살아가는 것을 가리키는 단어가 바로 폴리튜오입니다.[28]

빌립보는 로마가 어떤 나라인지를 전시장처럼 보여주는 도시였습니다. 그러한 빌립보 시민들에게 바울은 이렇게 말하고 있는 것입니다. "너희는 빌립보가 로마를 생각나게 하는 도시라고 말하지 않느냐? 이것과 같이 교회는 하늘나라를 생각나게 해주어야 한다. 너희 빌립보 시민들이 로마 시민답게 품위 있게 행동하려는 것처럼 그리스도인들은 천국 시민답게 복음의 통치에 합당하게 생활하는 것이 무엇인지를 보여줄 수 있어야 한다."

이것이 얼마나 어려운 일인지 생각해 보십시오. 예수님의 말씀 중 한두 가지를 실천하는 것도 어려운데 삶의 모든 방면에서 그리스도의 복음이 지배하는 하나님 나라의 백성답게 살아가라고 성경은 요구합니다. 복음에 합당하게 사는 것은 매우 커다란 희생을 요구하는 일입니다. 그래서 예수님께서는 당신을 따라올 때 우리가 죽기까지 결단해야 한다고 말씀하셨던 것입니다(마 16:24-25). 그리고 이러한 가시밭길과 같은 그리스도인의 삶은 이 세상 나라가 하나님의 나라에 완전히 복종하기까지 계속될 것입니다.

그러나 하나님의 은혜는 이 모든 것을 이기도록 합니다. 왜냐하면 은혜가 사랑의 원인이기 때문입니다. 이 사랑 때문에 예수님을 위해 참고, 이 사랑 때문에 그리스도의 교회를 위해 견딥니다. 이 사랑 때문에 지체들을 위해서 인내하고, 고난과 슬픔을 견디면서 뒤로 물러서지 않습니다. 은혜는 이 모든 것을 이길 수 있는 힘을 우리에게 줍니다. 그래서 예수님께서는 이렇게 말씀하셨습니다. "세상에서는 너희가 환난을 당하나 담대하라 내가 세상을 이기었노라"(요 16:33).

그러므로 교회의 영광은 큰 건물이나 많은 성도의 수에 있지 않습니다. 교회의 영광은 그 교회에 그리스도로 충만한 그리스도인들이 가득 차는 것입니다. 그래서 그들이 어디에 있든지 예수 그리스도를 생각나게 하는 사람이 되는 것입니다. 교회의 가장 큰 영광은 그리스도의 인격을 많이 닮은 사람들을 많이 길러 내어서 그들이 이 세상 곳곳에서 그리스도의 향기로, 예수님의 편지로 살아가게 하는 것입니다(고후 2:15, 3:3).

다른 사람들이 알아주든지 그렇지 않든지와는 상관없이, 이름도 없이 빛도 없이 자기 안에 충만하게 부어 주신 하나님의 사랑과 그리스도의 은혜 때문에 그리스도를 위해 살아가는 섬김의 삶을 살아야 합니다. 가난하고 병든 자를 돌보며, 어리석은 자를 진리의 말씀으로 깨우치고 자신의 것을 다른 사람을 위해 베풀고 봉사하는 그 사람이야말로 예수 그리스도께서 은혜를 주신 목적에 따라 살고 있는 사람입니다. 이런 사람으로 살아가도록 하나님께서 소명을 은혜 안에 담아 두셨습니다. 이것이 바로 구원의 소명이고, 신자는 이것 때문에 고난을 받습니다.

복음을 믿는다는 것

그리스도의 놀라운 사랑을, 그 놀라운 은혜를 받았을 때 사도 바울은 자신의 모든 인생이 오로지 그리스도를 위해 살지 않으면 안 될 것 같은 신적인 강제력을 느꼈습니다(고전 9:16). 그리고 그는 그렇게 살았습니다.

왜 사도 바울이 감옥에 갇혀서 감옥 밖에 있는 빌립보 교인들에게 위로의 편지를 쓰지 않을 수 없게 되었습니까? 바로 예수 그리스도의 은혜에 매였기 때문입니다. 주님께서 주신 은혜가 그를 붙들었습니다. 그리하여 그의 인생이 그리스도를 위해 살지 않으면 안 되었고, 이 놀라운 복음을 전하지 않을 수 없었습니다. 그래서 그는 모든 사람에게 복음을 전하고, 생명이 없는 사람들에게 생명을 얻는 길을 알려 주는 것 외에는 인생의 참다운 가치를 찾을 수 없었습니다.

삶이 온전히 그리스도 예수를 위하는 것, 그분께만 드려지는 삶이 하나님께서 여러분에게 베풀어 주시는 은혜에 대한 응답입니다. 그래서 예수님의 놀라운 은혜를 깨달았던 사람들은 자신의 인생이 오직 한 분, 그리스도를 위하여 살아야 할 것이라는 사실을 발견하였습니다. 그렇게 그리스도를 위한 삶을 살아갈 때 하나님께서는 그들에게 더 큰 은혜를 주셔서 잠시 지나는 이 인생길에서 허무한 것을 붙드는 대신 영원한 것을 붙들며 살게 하셨습니다. 이것이 바로 복음을 믿는다의 의미입니다.

기뻐하라

바울은 인생 말년에 빌립보 교회에 편지를 쓰면서 이렇게 말합니다. "너희에게 은혜를 주신 것은……그를 위하여 고난도 받게 하려 하심이라"(빌 1:29).

바울의 삶을 생각해 보십시오. 그는 부활하신 주님을 만났고(행 9:4-5), 신령한 세계를 보았습니다(고후 12:1-4). 죽은 자를 일으키는 은사를 받기도 하였습니다(행 20:9-12). 이렇게 놀라운 은혜를 받은 바울에게 고난도 넘쳤습니다(고후 1:5). 그러면 우리는 '어디 무서워서 은혜를 달라고 하겠는가?'라고 생각할 것입니다.

그러나 감옥 속에서 죽음을 기다리며 쓴 바울의 이 짧은 서신 안에는 '기쁨'이라는 단어가 18번이나 나옵니다. 바울에게는 고난이 넘쳤습니다. 그리고 그 고난은 주님께서 주신 은혜의 계획대로 순종하면서 살려다가 당한 것이었습니다. 그렇게 감옥 속에서 불우한 나날을 보내고 있을 그 사람이 감옥 밖에서 자유한 사람들에게 기뻐하라고 말합니다. "주 안에서 항상 기뻐하라 내가 다시 말하노니 기뻐하라"(빌 4:4).

이것은 하나님의 은혜를 받은 사람이 은혜의 계획대로 살려고 할 때 고난을 당하는 것은 사실이지만 그렇게 고난받는 자들을 하나님께서는 결코 홀로 두시지 않으심을 보여줍니다. 고난을 이길 수 있는 놀라운 위로와 하늘의 거룩한 기쁨을 부어 주십니다. 그래서 고난도, 시련도 이기면서 살게 합니다.

다른 사람들이 볼 때는 눈물겨운 인생이지만 하늘의 영광스러운 나라를 바라보며 삽니다. 가시밭길을 걸을 때 바지는 찢어지고 다리는 가시철망에 찢겨져 피투성이가 되었지만 얼굴은 거룩한 기쁨으로 가득 차 소망

가운데 그 길을 걸어갑니다. 이 가시밭길이 잠시 후면 끝난다는 것을 알기 때문입니다.

　우리에게 고난과 시련이 끝없는 것 같지만 하나님께서 우리에게 베풀어 주시는 은혜와 기쁨도 끝이 없습니다. 그리하여 우리는 슬픔과 고통이 찾아올 때에도 그것을 능가하는 하나님의 사랑과 은혜를 경험하며 하나님을 찬송하면서 살아갈 수 있는 것입니다.

한눈에 보는 9장 목적이 있는 은혜

그리스도를 위한 은혜

하나님께서 우리에게 어떤 대가를 바라고 은혜를 주시지는 않지만 그 은혜에는 분명한 하나님의 계획이 있습니다. 그것은 구원받은 자에게 은혜를 주면 그가 하나님을 사랑하게 될 것이고 그리스도를 위해 살 것이라는 것입니다.

그렇다면 그리스도를 위해 산다는 것은 무엇일까요? 첫째로, 신자는 교회를 위해 고난받음으로써 그리스도를 위해 삽니다. 이 고난은 신자가 영적인 몸인 교회에 접붙여져 있기 때문에 받는 고난으로, 예수님께서 이 세상에 다시 오셔서 교회의 불완전한 모든 것을 떨쳐 버리고 완성하실 그날까지 누군가는 당해야 하는 고난입니다. 둘째로, 신자는 세상을 위해 고난을 받음으로써 그리스도를 위해 삽니다. 예수님께서는 이 세상 모든 사람이 하나님께로 돌아오기를 원하십니다. 그래서 우리도 주님의 뜻을 따라 불쌍한 사람들을 보살피고, 용납하지 못할 것 같은 사람들을 사랑하면서 이 세상을 섬깁니다.

사랑하기에 고난받음

누구나 고난을 받는 것은 싫어합니다. 그렇지만 신자가 기꺼운 마음으로 그리스도를 위해 고난을 받는 것은 그분을 사랑하기 때문입니다. 이 사랑 때문에 예수님을 위해 참고, 이 사랑 때문에 뒤로 물러서지 않습니다. 그렇다고 신자에게 고통만 있는 것은 아닙니다. 하나님의 은혜는 이 모든 것을 이기도록 하며, 그 가운데서도 기뻐하며 살도록 신자를 보호합니다.

나눔 1. 사람들이 받은 은혜를 곧 잃어버리는 것은 하나님께서 은혜를 주신 목적과 그 계획에 합당한 삶을 살지 않기 때문입니다. 은혜의 계획을 따라 살았을 때 은혜가 더 풍성해진 경험이 있다면 나누어 봅시다.

나눔 2. 하나님께서 우리에게 은혜를 주신 것은 그리스도의 몸인 교회를 위해서입니다. 우리는 교회의 부족을 볼 때 그것을 비난할 게 아니라 교회의 아픈 것을 나의 아픈 것으로 여기고, 교회의 고통을 나의 고통으로, 교회의 부족한 것을 나의 모자란 것으로 여겨야 합니다. 우리가 그러한 삶을 살고 있는지 돌아보고, 그러한 삶을 사는 데 걸림돌은 무엇인지 나누어 봅시다.

나눔 3. 사도 바울은 우리에게 천국 시민답게 복음의 통치에 합당한 삶을 살기를 요구합니다. 자신의 삶의 영역 곧 가정과 직장, 교회와 이웃들과의 생활에서 천국 시민답게 살지 못하는 부분은 없는지 돌아봅시다. 그러한 삶의 영역이 있다면 그것은 무엇인지, 어떻게 해야 그곳에서도 천국 시민다운 삶을 살 수 있을지 나누어 봅시다.

구약의 이스라엘 백성들이 애굽을 탈출해서 광야를 방황했던 것은 안식의 땅에 들어가기 위해서였습니다. 그러나 그들 중 소수의 사람들만이 그 땅에 들어갔습니다. 대다수의 사람들이 가나안에 들어가지 못한 채 광야에서 죽었던 것은 그들의 불순종 때문이었습니다. 본향을 찾아가는 오늘날의 그리스도인의 삶도 가나안 땅을 찾아가는 이스라엘 백성들의 여정과 유사합니다. 히브리서 기자는 우리에게 그들처럼 불순종하지 말고 하나님을 온전히 의지하며 이 세상을 살아갈 것을 요구합니다. 그러면서 이렇게 격려합니다. "우리가 믿는 도리를 굳게 잡을지어다"(히 4:14).

10장
은혜로 승리하는 삶

우리에게 있는 대제사장은 우리의 연약함을 동정하지 못하실 이가 아니요
모든 일에 우리와 똑같이 시험을 받으신 이로되 죄는 없으시니라
그러므로 우리는 긍휼하심을 받고 때를 따라 돕는 은혜를 얻기 위하여
은혜의 보좌 앞에 담대히 나아갈 것이니라

히 4:15-16

사람으로 오신 예수님

히브리서 기자는 우리의 믿음을 경주에 비유합니다(히 12:1). 당시 이 경주는 많은 사람들이 모여서 자신의 도시와 고장의 명예를 짊어지고 달리는 로마 시대 올림픽과 같은 것이었습니다. 심장이 터질 것 같은 때까지 질주하는 그 선수에게는 오직 승리해야 한다는 한 가지 생각밖에는 없습니다.

그러한 선수들처럼 그리스도인들은 예수라고 하는 마지막 목표 지점을 향해 달려가는 경주자가 되어야 한다고 성경은 말합니다. 그러면서 그 길이 너무 힘들고 어렵기 때문에 우리가 바라보고 생각해야 할 것이 있다고 제시합니다. 그것이 바로 예수 그리스도입니다(히 12:2).

하나님이신 예수님께서는 사람의 몸을 입고 이 세상에 오셨습니다. 죄는 없으셨지만 인간이 겪는 모든 시련과 고난을 당하셨습니다(히 4:15). 배고픔과 가난함, 고통과 불편함, 그리움과 보고 싶은 것, 인간으로부터 받는 배신과 모욕 등 모든 것을 경험하셨습니다.

그렇기 때문에 예수님께서는 인간이 누구인지를 깊이 체험하셨습니다(히 4:15). 인간이 하나님 앞에 순종하며 사는 것이 얼마나 어려운지, 하나님을 의지하며 살고자 하는 인간들에게 하나님의 도움이 얼마나 절실하게 필요한지 몸소 체험하셨습니다. 우리의 연약한 형편을 누구보다 잘 아셨고, 당신의 도움 없이는 우리가 승리하는 삶을 살 수 없음을 아셨습니다.

예수님께서는 이 세상에 계시는 동안 인간이 경험하는 모든 연약한 것을 당신도 체험함으로써 진정으로 우리의 대리자가 되셨던 것입니다. 그러므로 히브리서 기자는 예수 그리스도께서 우리와 똑같이 시험을 당하신 분이기 때문에 우리를 긍휼히 여기실 수 있고, 우리 편에서 우리를 도우신다고 강력하게 말합니다(히 4:15).

우리는 종종 이 세상에서 시련과 역경을 만납니다. 그리고 그럴 때면 마치 홀로 이 세상에 던져진 것 같은 외로움과 두려움을 느낍니다. 그러나 성경은 말합니다. 구약의 대제사장은 세월이 흐름에 따라 죽는 사람들이었으나 하나님의 아들로 우리에게 오신 영원한 대제사장이신 예수 그리스도께서는 우리와 항상 함께하는 분이시라고 말입니다(히 7:25). 그래서 성경은 우리에게 은혜의 보좌 앞으로 나아갈 것을 가르치고 있습니다.

대제사장이신 예수 그리스도

구약 시대 제사장의 수는 헤아릴 수 없이 많았지만 대제사장은 언제나 한 사람이었습니다. 그가 하는 가장 중요한 직무는 일년에 한 차례, 속죄일에 지성소에 들어가 이스라엘 민족 전체의 죄를 하나님 앞에 속함받게 하는 것이었습니다(히 9:7). 그러니까 이스라엘이 죄 있는 공동체였음에도 불구하고 거룩하신 하나님 앞에 나아가 그분과 교제하게 하는 것이 대제사장의 가장 중요한 직무였습니다.

구약의 대제사장은 제사장 중에서 뽑힌 사람으로, 하나님 앞에 나아가 이스라엘 전체를 위해 중보하는 인물이었습니다. 그는 모든 제사장들 위에 뛰어나 지성소에 들어가 하나님을 뵈올 수 있는 특권을 지녔고, 짐승을 제물 삼아 하나님께 드림으로써 이스라엘 전체의 죄의 속함을 위해 제사할 수 있는 권한을 가졌습니다.

그렇지만 그 제사는 하나님과의 일시적인 화목의 효과만을 주었습니다. 이스라엘 백성이 다시 범죄하면 이스라엘 공동체와 하나님 사이의 화목은 다시 막히게 되었기 때문입니다. 그래서 그들의 제사는 매년 반복해서 하나님 앞에 올리지 않으면 안 되었습니다. 그러나 예수 그리스도께서 대제사장이 되어 드린 제사는 완전한 속죄의 제사였습니다.

영원한 대제사장이신 예수 그리스도께서는 인간 대제사장들과는 다른 제사를 드렸습니다. 인간 대제사장은 하나님의 백성들의 죄를 속하기 위해 짐승을 잡아 제물로 드렸지만, 예수 그리스도께서는 당신 자신을 제물로 삼아 하나님 앞에 제사를 드렸습니다(히 7:27).

이처럼 예수 그리스도께서는 친히 대제사장이 되어 구원받을 당신의 백성들을 위해 영원한, 단번의 제사를 드려 우리의 죄를 용서해 주셨습니다. 그래서 우리는 담대히 하나님의 보좌 앞으로 나아갈 수 있게 되었습니다.

보좌 앞으로 나아가라

여러분은 예수님께서 골고다 언덕에서 죽으실 때 일어났던 놀라운 기적을 기억할 것입니다. 그것은 바로 성소와 지성소 사이를 가로막던 휘장이 위로부터 아래까지 찢어져 둘이 된 사건입니다(막 15:38). 이 휘장은 아주 두꺼운 천이었고 탄탄한 것이었습니다. 그런데 예수님께서 십자가에서 죽으시는 그 순간, 이 천이 위로부터 아래로 찢어지는 기적이 일어났습니다.

이것은 구원사적으로 매우 중요한 의미를 지니고 있습니다. 성소와 지성소를 구분하던 휘장이 찢어졌으니 이제 성소와 지성소의 구분이 사라졌다는 것입니다. 이는 대제사장만이 들어갈 수 있었던 지성소에 제사장들도 들어갈 수 있게 되었다는 의미입니다. 그런데 성경은 우리가 왕 같은 제사장이라고 말하고 있으므로(벧전 2:9), 이 모든 것은 이제 구원받은 사람들을 위해 대신 빌어 주어야 하는 인간 대제사장이 필요 없게 되었다는 것을 의미합니다. 어떻게 이런 일이 일어났습니까? 예수 그리스도께서 구원받을 모든 백성의 대제사장이 되어 죽으셨기 때문입니다.

예수 그리스도께서 십자가에서 죽으심으로 말미암아 열어 놓으신 구원의 길 때문에 우리는 인간 대제사장의 도움 없이 제사장이 되어 성소에까지 이를 수 있습니다. 그런데 성소와 지성소 사이에 드리워진 휘장이 찢어졌기 때문에 우리는 예수 그리스도의 구속을 힘입어 곧바로 거룩하신 하나님의 임재가 있는 보좌에까지 나아갈 수 있게 되었습니다.

성경은 우리에게 보좌 앞으로 나아갈 것을 가르치고 있습니다. 즉, 하나님께 나아가라는 것입니다. "그러므로 우리는 긍휼하심을 받고 때를 따라 돕는 은혜를 얻기 위하여 은혜의 보좌 앞에 담대히 나아갈 것이니라" (히 4:16). 이것이 바로 예수님께서 자신의 몸을 십자가에 못 박아 우리를 속죄해 주신 이유이며, 우리가 어떠한 인생의 시련과 역경을 만나든지 절망하지 않을 수 있는 이유입니다. 주님의 보좌 앞에서 우리에게 주어지는 하나님의 놀라운 은혜는 역경에 처한 우리를 돕고, 사망의 위협 속에서도 두려움 없이 하나님을 의지하며 살 수 있도록 합니다. 이것이 바로 은혜로 살아가게 하시는 하나님의 놀라운 방법입니다.

히브리서 기자는 '그러므로' 라고 말합니다(히 4:16). 예수님께서 친히 사람의 몸을 입고 우리의 연약함을 경험하셨으며 우리를 사랑하는 분이시기 때문이라는 의미입니다. 그래서 우리는 긍휼하심을 따라 하나님 앞에 나갈 수 있습니다.

하나님께서는 당신의 자녀를 한없이 긍휼히 여기십니다. 하나님께서는 죄 없고 흠 없는 당신의 아들을 십자가에서 매달아 죽이신 그 십자가 죽음이 주는 고통의 깊이만큼 우리를 사랑하십니다. 그렇게 우리를 긍휼히 여기셨기 때문에 우리를 위한 구원의 길을 열어 놓으셨던 것입니다. 그러므로 이 십자가는 우리가 어떤 처지에 있든지 하나님의 긍휼을 받을 수 있다는 은혜의 표입니다.

은혜를 받기 위하여

우리는 은혜를 받기 위해 보좌 앞으로 나아갑니다. 성경은 '때를 따라 돕는 은혜를 얻기 위하여 은혜의 보좌 앞에 담대히 나아갈 것' 을 요청합니다(히 4:16). 본문 "때를 따라 돕는 은혜를 얻기 위하여"는 헬라어 원어의 의미로는 '필요한 때에 도와주시는 은혜를 발견하기 위해' 라는 뜻입니다.

하나님의 은혜가 필요하지 않은 때는 없습니다. 모든 것이 하나님의 은혜입니다. 그러나 특별히 하나님의 도움을 필요로 하는 때가 있습니다. 감당할 수 없는 일을 감당해야 할 때, 참을 수 없는 상황에서 인내해야 할 때, 시험을 당하거나 유혹을 받을 때 나 혼자서는 넘어질 수밖에 없기 때문에 하나님의 특별한 은혜가 필요합니다.

성경은 이런 특별한 때를 만났을 때 하나님께서는 반드시 도우시는 분이니 그 은혜를 받기 위해 하나님의 은혜의 보좌 앞으로 담대히 나아가라고 말합니다.

이 은혜는 우리로 하여금 하나님의 뜻대로 살아갈 수 있게 하는 하나님 사랑의 감화입니다. 은혜가 우리에게 하나님의 사랑을 가져다준다는 것입니다. 그래서 하나님의 은혜를 받으며 은혜받기 전에는 도저히 할 수 없었던 일들을 할 수 있는 힘이 생겨납니다. 이것이 바로 사랑의 감동으로 생겨나는 힘입니다.

하나님께서는 은혜를 주시는 수단들을 통해서 은혜를 주십니다. 하나님 앞에 간절히 기도하는 것, 예배를 드리는 것, 성경 말씀을 공부하는 것 등을 통해서 은혜는 옵니다.

그래서 우리에게는 매일매일 하나님의 은혜를 구하는 실천적인 경건의 생활, 마음을 모으고 주님을 간절히 부르는 마음의 실천이 필요합니다. 이것을 통해서 실질적으로 시련을 이기고 극복할 수 있는, 연약한 사람들을 사랑할 수 있는, 핍박과 환란 속에서도 자기가 붙잡은 믿음의 도리를 끝까지 붙잡고 살아갈 수 있게 하는 힘이 주어집니다. 그것이 바로 은혜의 힘이고 사랑의 힘입니다.

담대히 나아가라

히브리서 기자는 '담대히' 나아가라고 말합니다(히 4:16). 왜 히브리서 기자는 '담대히' 라는 말을 썼을까요?

우리가 항상 성령 충만한 것은 아닙니다. 또한 성령 충만하다고 할지라도 우리를 에워싼 삶의 상황은 우리에게 너는 희망이 없다고, 네가 갖고 있는 모든 자원과 능력보다 너를 에워싸고 있는 상황과 환경이 훨씬 더 엄중하기 때문에 너는 승리할 수 없을 것이라고 압박합니다.

그러나 우리에게는 십자가가 있습니다. 우리의 모든 죄를 짊어지고 예수님께서 십자가에서 죽으셨기 때문에 우리는 하나님의 보좌 앞으로 담대히 나아갈 수 있습니다.

우리로 하여금 은혜로 승리하게 하기 위해서 하나님께서는 우리를 대제사장이신 예수 그리스도의 몸에 접붙이셨습니다. 예수 그리스도께서는 당신이 구원하고자 하는 모든 백성들의 죄를 위한 화목제물이 되셨고, 스스로 대제사장으로서 제물이 되어 당신 자신을 하나님 앞에 바침으로써 하나님과 우리 사이의 화목을 이루셨습니다. 예수 그리스도의 구속의 공로를 통하여 그리스도의 몸의 일부가 되었기에 하나님의 거룩한 보좌에 나아가 이 세상을 이기며 살 수 있는 하늘의 은혜와 능력을 공급받게 되었습니다.

그러기에 우리는 이 땅에서 시련과 역경, 어려움을 만나지만 두려워하지 않습니다. 우리의 죄로 인한 고난을 당하더라도 우리에게 하나님의 은혜의 보좌가 차단된 것은 아니기 때문입니다. 예수 그리스도께서 은혜의 보좌 앞으로 나아갈 수 있도록 열어 두신 그 길은 그 누구도 폐할 수 없는 영원한 길입니다.

시련이 큰 것 같고 모든 희망이 사라진 것 같은 때 예수 그리스도의 십자가를 생각하십시오(히 12:1). 하나님으로부터 멀리 떠나 영혼이 곤고해졌을 때 십자가를 바라보십시오.

하나님의 은혜의 보좌 앞으로 나아가는 길은 죄인은 감히 걸어갈 수 없는 거룩한 길입니다. 예수 그리스도께서 우리의 죄와 허물을 짊어지고 십자가에서 죽으심으로써 그 보좌에 이르는 새 길을 내셨기에, 우리는 그 길로 나아갈 수 있게 되었습니다.

그러므로 이제 우리는 그리스도의 십자가의 공로를 의지하며 은혜의 보좌 앞으로 나아가야 합니다. 우리를 향해 소리치던 양심의 송사와 율법의 정죄를 뒤로하고, 우리의 유일한 희망이신 그리스도 예수의 십자가를 생각하며 믿음으로 그 핏길을 걸어 보좌 앞까지 나아가야 합니다. 그리고 어린아이처럼 그 은혜의 보좌 앞에 엎드려 지존하신 하나님께 용서와 은혜를 구하여야 합니다.

그러면 하나님께서는 다시 한량없는 사랑으로 우리를 일으켜 세워 주실 것입니다. 그리고 당신의 은혜의 보좌 앞에 나와 진실하게 하나님의 도움을 구하는 모든 이들에게 이 세상을 넉넉히 이기며 살 수 있는 은혜를 부어 주실 것입니다.

그러므로 인간의 의의 신발을 모두 벗어 버리고 그리스도께서 십자가에서 죽으실 때 찢어진 휘장을 지나 하나님의 은혜로운 보좌 앞으로 핏길을 따라 걸어가십시오(히 10:20). 그러면 우리를 사랑하시되 자기의 아들을 십자가에 못 박아 죽게 하기까지 우리를 사랑하신 하나님 아버지를 만날 수 있을 것입니다.

그리스도로 인한 은혜

여러분은 축도의 고전적인 형태를 기억하실 것입니다. "우리 주 예수 그리스도의 은혜와 하나님의 사랑과 성령의 교통하심이 너희 무리와 함께 있을지어다." 이상하지 않습니까? 성부 하나님이 먼저이고 성자 하나님이 두 번째, 성령 하나님이 세 번째인데 유독 축도에서는 그리스도의 은혜가 먼저 나오는 이유는 무엇일까요?

이유는 간단합니다. 모든 좋은 것은 하나님 아버지께로부터 나오지만 우리는 그것에 접근할 만한 자격이 없습니다. 그래서 예수님께서 이 세상에 오셨습니다. 하나님의 사랑으로부터 멀어진 인간을 하나님과 화목케 하기 위해 친히 그분은 대제사장이 되어 자신을 제물 삼아 바치셨습니다. 그렇기 때문에 축도의 고전적인 형태에서는 우리 주 예수 그리스도의 은혜가 하나님 아버지의 사랑보다 먼저 나오는 것입니다. 하나님의 사랑을 받으면서도 이 은혜가 예수 그리스도의 중보로 인한 것임을 잊지 말라는 것입니다.

곤고하십니까? 위기를 만났습니까? 두려워하지 마십시오. 여러분에게는 여러분과 하나님 사이를 화목케 하신 우리 주 예수 그리스도의 십자가의 은혜가 있고, 아들의 고난 때문에 우리를 용납하시는 거룩하신 하나님이 계십니다.

넘어진 자는 영원히 넘어져 있지 않습니다. 쓰러진 자는 영원히 쓰러져 있지 않습니다. 그리스도께서 당신의 사랑과 능력으로 다시 살려 승리의 삶을 살아가게 하시기 때문입니다.

물론 인생을 살면서 가장 좋은 것은 실패하지 않는 삶입니다. 그러나 실패했다고 하더라도 그것이 우리의 끝일 수는 없습니다. 하나님께서는 신자가 실패했을 때 다시 살아갈 수 있는 길을 예비하셨기 때문입니다. 그것은 회개와 용서를 통해 다시 하나님과의 생명과 사랑의 교제를 회복하는 것입니다. 보좌에 이르는 새로운 생명의 길은 구원받지 못한 죄인들만을 위한 것이 아니라 신자들을 위한 것이기도 합니다(히 10:20).

하나님께서는 우리에게 무한한 힘과 능력을 공급해 주시고, 우리는 그 무한한 힘과 능력으로 모든 것을 넉넉히 이기며 살 수 있게 됩니다. 그러므로 신자는 다시 은혜를 주셔서 실패를 딛고 소망의 삶을 살게 하시는 하나님을 찬송하며 살아야 합니다.

한눈에 보는 10장 은혜로 승리하는 삶

사람으로 오신 예수님

예수님께서는 죄는 없으셨지만 인간이 겪는 모든 시련과 고난을 경험하셨습니다. 그럼으로써 인간의 연약한 형편을 누구보다 잘 이해하셨고, 진정으로 우리의 대리자가 되셨습니다. 성경은 예수님께서 대제사장이 되었다고 말합니다. 우리의 대제사장이 되신 예수님께서는 당신 자신을 제물로 하나님 앞에 영원한, 단번의 제사를 드려 우리로 하여금 담대히 하나님의 보좌 앞으로 나아갈 수 있게 하셨습니다.

은혜의 보좌 앞으로

우리의 죄와 허물을 짊어지고 죽으신 그리스도로 인하여 하나님께서는 우리를 용서하셨고, 은혜의 보좌 앞으로 나아가는 자들에게 이 세상을 이기며 살 수 있는 하늘 자원을 무한히 공급해 주십니다.
우리는 하나님의 '긍휼히 여기심을 받기에' 은혜의 보좌 앞으로 담대히 나아갈 수 있습니다. 십자가의 고통의 깊이만큼 하나님께서는 우리를 긍휼히 여기십니다. 그러므로 이 십자가는 우리가 어떤 처지에 있든지 하나님의 긍휼을 받을 수 있다는 은혜의 표입니다. 그래서 우리는 '때를 따라 돕는 은혜를 얻기 위해', 즉 '필요한 때에 도와주시는 은혜를 얻기 위해' 은혜의 보좌 앞으로 나아갑니다. 더욱이 우리는 '담대히' 나아갈 수 있습니다. 우리의 모든 죄를 짊어지시고 예수님께서 십자가에서 죽으셨기 때문에 우리는 담대히 나아갈 수 있게 되었습니다.

나눔 1. 지금 당신에게 임한 최고의 은혜는 무엇입니까? 비록 과거의 일이라 할지라도 자신이 경험한 특별한 은혜가 있다면 나누어 봅시다.

나눔 2. 하나님의 은혜가 필요 없는 때는 없습니다. 그러나 특별한 하나님의 도움이 필요한 때가 있습니다. 감당할 수 없는 일을 감당해야 할 때, 참을 수 없는 상황에서 인내해야 할 때, 시험을 당하거나 유혹을 받을 때 나 혼자서는 넘어질 수밖에 없기 때문에 하나님의 특별한 은혜가 필요합니다. 이러한 때를 하나님의 은혜로 승리한 경험이 있다면 나누어 봅시다.

나눔 3. 우리는 예수 그리스도의 구속을 힘입어 하나님의 임재가 있는 은혜의 보좌 앞으로 나아갑니다. 예수님께서는 십자가에서 죽으심으로써 하나님께 이르는 새로운 생명의 길을 열어 놓으셨는데, 우리는 예수님의 이러한 은혜를 일상적인 일로 여기며 아무런 감사도 없이 살 때가 얼마나 많은지 모릅니다. 우리를 하나님의 은혜의 보좌에까지 나아가게 하신 예수 그리스도의 은혜를 나누어 봅시다.

우리가 항상 하나님의 말씀과 은혜 안에서, 주님께서 우리를 창조하신 목적을 따라 산다면 얼마나 좋을까요? 그러나 우리는 그렇게 살지 못할 때가 더 많습니다. 우리는 그때를 신앙에서의 미끄러짐 혹은 침체기라고 부릅니다. 우리에게는 스스로 신앙의 미끄러짐에서 돌이킬 능력이 없습니다. 오직 하나님께서 우리를 돌이키실 때, 우리는 다시 하나님 앞에서 하나님의 은혜를 누리며 살게 됩니다. 본문은 신자가 미끄러져 있을 때 하나님께서 어떻게 그를 돌이키는지를 보여줍니다.

11장
미끄러진 자를 돌이키심

그들이 그 죄를 뉘우치고 내 얼굴을 구하기까지 내가 내 곳으로 돌아가리라
그들이 고난받을 때에 나를 간절히 구하리라
오라 우리가 여호와께로 돌아가자
여호와께서 우리를 찢으셨으나 도로 낫게 하실 것이요
우리를 치셨으나 싸매어 주실 것임이라
호 5:15-6:1

불붙는 하나님의 사랑

호세아는 주전 8세기 후반 북왕국 이스라엘의 선지자였습니다(호 1:1). 호세아가 활동하던 때 여로보암 2세는 세상적으로 영명한 군주였기에 당시 북이스라엘은 산업과 무역에서 호황을 누리며 최고의 번영기를 구가하고 있었습니다. 그러나 신앙적으로는 그렇지 못했습니다.

그래서 호세아는 당시 이스라엘을 뒤집지 않은 전병이라고 말합니다(호 7:8). 빈대떡을 부칠 때 뜨거운 프라이팬 위에 올려놓고 뒤집지 않으면 어떻게 되겠습니까? 아랫부분은 새까맣게 타고 윗부분은 익지 않을 것입니다. 그리하여 결국은 먹을 수 없게 됩니다. 이스라엘은 세상적으로는 빈대떡의 아랫부분처럼 뜨거워서 새까맣게 타 버렸고, 신앙적으로는 익지 않은 날것과 같은 상태였습니다. 즉, 하나님께서 받으실 수 없는, 받음직하지 않은 전병이 이스라엘의 실상이라는 것입니다.

그 어두운 시대에 호세아는 입으로도 하나님의 말씀을 전했지만 그의 결혼생활을 통해서도 하나님의 말씀을 전했습니다. 하나님께서는 호세아에게 디블라임의 딸 고멜에게 장가를 들라는 지시를 내리셨습니다(호 1:2-3). 많은 주석가들은 고멜이 음란하기로 이름난 여자였을 것이라 추측하니다. 혹은 바알 신전에서 몸을 팔던 창녀였을 것이라 말하기도 합니다. 하나님께서 거룩한 선지자에게 이런 음란한 여자와 결혼하도록 명령한 것은 호세아의 결혼생활을 통해서 하나님의 마음을 보여주기 위함이었습니다. 그 핵심은 혼인 언약과 용서, 하나님의 긍휼입니다.

호세아는 자신의 아내 고멜을 진심으로 사랑하였습니다. 고멜이 수시로 남편의 품에 만족하지 못하고 다른 남자를 따라갔을 때도 호세아의 마음속의 사랑은 진실하였습니다. 그래서 그는 그의 아내 고멜이 먹을 것이 떨어져 다시 집으로 들어오면 그녀를 받아 주었습니다(호 3:1-3). 호세아의 이 사랑은 고멜의 외적인 아름다움으로 인해 생긴 것이 아니었습니다. 하나님의 아가페 사랑에서 나온 것이었고, 이것은 이스라엘 백성을 끊임없이 용납하시는 하나님의 사랑의 그림자였습니다.

이 불행한 결혼생활은 이스라엘 백성을 향한 하나님의 변함없는 사랑과 그 사랑에도 불구하고 끊임없이 하나님을 멀리 떠나는 이스라엘의 부패함을 보여줍니다.

하나님을 아는 지식

이스라엘 백성의 가장 큰 문제는 하나님을 아는 지식을 버린 것입니다. 그래서 하나님께서는 이렇게 말씀하십니다. "내 백성이 지식이 없으므로 망하는도다 네가 지식을 버렸으니 나도 너를 버려 내 제사장이 되지 못하게 할 것이요 네가 네 하나님의 율법을 잊었으니 나도 네 자녀들을 잊어버리리라"(호 4:6).

하나님께서는 이스라엘 백성이 지식이 없기 때문에 망하게 되었다고 말씀하십니다. 그리고 그 지식은 의심할 여지없이 하나님을 아는 지식입니다. 그런데 성경은 하나님을 아는 지식을 버린 백성의 특징이 율법을 잊어버리는 것이라고 말합니다. 여기에서 우리는 하나님을 아는 지식을 가진 사람들은 삶으로써 하나님의 말씀을 준수하고 살지만 하나님을 아는 지식을 버린 사람들은 하나님의 율법도 버린다는 사실을 알게 됩니다.

하나님을 아는 이 지식은 근본적으로 경험적인 지식을 말합니다. 히브리인들의 사고에서 '안다.' 라는 것은 경험을 통해서 아는 체험적인 지식입니다.[29] 우리도 그렇지 않습니까? 우리가 누군가를 '안다.' 고 할 때 그것은 그 사람의 이름과 전화번호, 주소를 아는 것을 말하는 것이 아닙니다. 그 사람과 오랜 시간 함께 삶을 나누면서 그를 깊이 이해하게 되었을 때 그를 '안다.' 라고 말합니다.

하나님을 사랑하며 살게 하는 근본적인 힘은 무엇입니까? 주님을 뜨겁게 사랑하는 성도와 그렇지 않은 성도의 차이는 왜 생기는 것일까요? 왜 어떤 사람에게는 하나님을 사랑하는 정서가 아침 구름과 같이 쉬 사라지고(호 6:4), 또 다른 사람들에게는 주님을 향한 사랑이 견고하고 오래도록 지속될까요? 이에 대한 모든 답은 하나님을 아는 지식에 있습니다.

하나님을 아는 이 지식은 이스라엘 백성으로 하여금 다른 민족과 구별된 정신과 삶으로 하나님의 백성답게 살도록 만들어 주는 원동력입니다. 왜냐하면 하나님을 사랑하며 사는 삶을 가능하게 하는 궁극적인 힘이 하나님을 아는 지식이기 때문입니다. 그래서 하나님을 아는 이 지식은 곧 사랑입니다.

기다리시는 하나님

호세아 5장 8절에서 15절까지의 말씀에서는 하나님을 아는 지식을 버린 이스라엘의 불행을 예고합니다. 지금은 세상적으로 번영하여 행복을 누리는 것 같지만 언젠가 때가 되면 너희가 병들었다는 것을 깨닫고 고통받는 날이 올 것이라는 것입니다. 그런데 호세아는 이스라엘이 불순종할 때 당장 복수하거나 징벌을 내리지 않고 그들이 회개하고 다시 하나님을 찾을 때까지 기다리시는 분으로 하나님을 묘사합니다. "그들이 그 죄를 뉘우치고 내 얼굴을 구하기까지 내가 내 곳으로 돌아가리라"(호 5:15).

하나님께서는 언제나 이스라엘 백성과 함께하셨습니다. 그러나 때가 되면 이스라엘 백성과 친밀한 교제를 거두고 하나님께서 멀리 떠나신 것 같은 단절을 주시겠다는 것입니다. 이스라엘이 하나님을 버렸듯 하나님도 그들을 버리고 멀리 가 버리시겠다는 것이 아니라 이스라엘이 다시 돌아올 때까지 기다리시는 아버지의 모습을 그립니다. 이것은 마치 호세아가 자기를 버리고 다른 남자에게로 간 아내 고멜이 다시 돌아오기를 기다리는 모습과도 같습니다. 고멜이 다시 돌아오면 자신의 아내로 받아 주는 호세아를 통해서 우리는 하나님의 기다리시는 사랑을 볼 수 있습니다.

하나님께서는 당신을 떠난 이스라엘 백성이 스스로 죄를 뉘우칠 때까지 기다리십니다. 우리가 무엇인가를 잘못할 때 즉시 우리를 때릴 수도 있지만 대부분의 경우에 하나님께서는 기다리십니다. 우리 스스로 우리의 불순종과 잘못 때문에 도래한 쓰디쓴 열매를 맛보고 우리의 죄를 뉘우칠 때까지 말입니다. 기다림이야말로 하나님의 사랑의 최고의 표현입니다.

주님의 얼굴을 구하기까지

하나님께서는 이스라엘 백성이 당신의 얼굴을 구할 때까지 기다리십니다(호 5:15). 그분은 사람의 모양을 지닌 분이 아니시니 형체가 없습니다. 형체가 없으니 얼굴이나 팔다리도 없습니다. 그렇다면 성경은 왜 이스라엘이 주님의 얼굴을 구할 때까지라고 말하는 것일까요?

성경에서 하나님의 얼굴은 하나님의 거룩한 임재를 의미합니다. 즉, 하나님의 얼굴이 악인에게 향할 때는 징계로, 사랑하는 자녀에게 향할 때는 은총으로 해석되는 것입니다. 그러기에 하나님의 자녀의 최고의 특권은 주님의 얼굴 빛 앞에서 사는 것입니다. "여러 사람의 말이 우리에게 선을 보일 자 누구뇨 하오니 여호와여 주의 얼굴을 들어 우리에게 비추소서"(시 4:6).

하나님께서는 어디에나 계시지만, 어느 곳에서나 인간이 그 임재하심을 경험할 수 있는 것은 아닙니다. 하나님께서는 종종 특별한 장소, 특별한 시간에 우리를 특별하게 만나 주십니다. 그리하여 당신이 누구인지를 우리에게 보여주셔서 우리로 하여금 하나님만을 경배하게 하십니다. 그것이 하나님의 백성들이 받을 수 있는 최고의 복, 하나님의 얼굴을 뵈옵는 것입니다. 그래서 팔복 중의 최고의 복도 이것입니다. "마음이 청결한 자는 복이 있나니 그들이 하나님을 볼 것임이요"(마 5:8).

이러한 사실은 인간의 진정한 행복이 무엇인지를 보여줍니다. 불쌍한 사람이 누구입니까? 시련을 당하고 있는 사람입니까? 가엾은 사람이 누구입니까? 가난한 사람들입니까? 아닙니다. 그렇다면 불쌍한 사람은 누구입니까? 인생의 위기 가운데 있으면서도 하나님을 뵈올 수 없는 사람, 하나님을 만날 수 없어서 그분의 뜻이 무엇인지 알지 못하는 사람이 아닙니까?

만약에 우리가 시련과 역경 속에서도 하나님의 얼굴을 뵈올 수 있고 기도할 수 있다면 그것은 시련이 아닙니다. 오히려 흥미진진한 기회입니다. 하나님께서 이 시련을 통해서 어떻게 나를 만나 주시고 이 난관을 통해서 무엇을 보여주실까를 기대할 수 있기 때문입니다. 언제나 기도 속에서 하나님을 뵈올 수 있는 사람들은 모든 것을 가지고 있는 사람들이며 세상이 감당할 수 없는 사람들입니다. 그래서 하나님께서는 언제나 우리가 당신 앞에 서기를 원하고, 우리의 인생이 어느 지점에 있든지 당신의 얼굴을 구하기를 원하십니다.

인간의 진정한 행복은 하나님 안에 있습니다(시 73:28). 그것을 발견하는 사람은 하나님의 말씀을 사랑하고 하나님을 의지하며 사는 삶이 얼마나 행복한지를 깨닫습니다. 그러나 행복을 하나님 안에서 찾지 못한 사람들은 하나님 밖에서 행복을 찾고자 몸부림치게 되고, 하나님 밖에서 행복을 얻고자 하는 마음이 강렬해지면 강렬해질수록 하나님의 참된 행복과 기쁨으로부터 멀어집니다. 그러나 어느 한순간, 이 세상에 있는 것들로부터는 주님의 얼굴 안에서 사는 그 행복과 같은 것을 얻을 수 없다는 사실을 깨닫게 되면 간절히 하나님의 얼굴을 구하게 됩니다. 하나님께서는 그때까지 기다리겠다고 말씀하십니다.

고난을 사용하심

그리스도인 한 사람이 고속도로에서 차를 몰고 가다가 사고를 당했습니다. 자동차가 고속도로에서 뒤집히면서 언덕 아래로 굴렀던 것입니다. 동승하였던 사람은 죽었고, 자기 혼자만 간신히 살아남았습니다. 여러 날 혼수상태에 있다가 깨어난 그는 후에 진실한 그리스도인이 되었습니다. 그는 그 사고를 통해 깨달은 진리 때문에 자신의 삶이 완전히 변했다고 고백했습니다. 그러면서 그가 제게 알려 준 그 진리는 뭔가 심오한 것이 아니었습니다. 매주일 강대상에서 울려 퍼지는, 성경책을 펴면 늘 알 수 있는 내용이었습니다. 바로 '하나님께서 나를 너무 많이 사랑하신다.' 라는 사실이었습니다.

사람들은 하나님 안에 있는 것들을 나를 위해 사용함으로써 나의 행복을 증진시킬 궁리를 합니다. 그러나 하나님께서는 우리가 자기 자신을 만족시키는 데 급급한 채 살아가는 것을 원치 않으십니다. 하나님께서는 우리가 하나님의 자녀답게 하나님의 나라와 영광을 위해 살아가기를 바라십니다(마 6:33).

그러나 인간은 하나님과의 관계를 새롭게 함으로써 하나님을 기쁘게 해 드리는 것보다는 일단 자기가 원하는 것을 하나님을 통해 얻는 데 관심이 있습니다. 만약 하나님 없이도 자신이 원하는 것을 얻게 되면 인간은 하나님을 의지하기보다는 자신을 더 의지합니다. 하나님을 사랑하기보다는 자기를 위하면서 살아갑니다. 그러면 신앙은 껍데기만 남게 됩니다. 그래서 하나님께서는 때때로 우리에게 고난을 주십니다.

하나님께서는 고난 속에서 하나님을 알게 하시고, 고통 속에서 비로소 하나님을 멀리 떠난 자신을 발견하게 하십니다. 그 고난의 아픔 속에서 인간은 자기를 도울 분은 결국 하나님밖에 없다는 사실을 깨닫게 됩니다. 그리고 하나님만이 자신을 이 고통 속에서 건져 낼 수 있다 믿으며 절대 의존의 마음으로 하나님께 간절히 기도하게 됩니다. 그래서 성경은 그들이 고난을 받을 때 하나님을 간절히 구하게 되리라고 말합니다.

회개를 결단케 하심

자신의 죄를 뉘우치고 하나님의 얼굴을 간절히 구하는 하나님의 자녀를 하나님께서는 고난 속에서 돌이키게 하십니다. 돌이키시는 하나님에 대해 선지자는 이렇게 말합니다. "오라 우리가 여호와께로 돌아가자 여호와께서 우리를 찢으셨으나 도로 낫게 하실 것이요 우리를 치셨으나 싸매어 주실 것임이라"(호 6:1).

먼저 하나님께서는 이스라엘 백성으로 하여금 회개를 결단하게 하십니다. 우상을 섬기고 자신의 욕망을 따라 살아가던 예전의 삶에서 돌이켜 하나님께로 돌아가고자 하는 마음을 품게 하십니다. 그런데 하나님께로 돌아가야겠다고 결심하자 그에게는 공동체에 대한 인식이 생겨나게 됩니다. 하나님의 백성 전체가 하나님께로 돌아가야 한다는 절실한 인식이 생겨나는 것입니다. 이것은 하나님 앞에 회개를 결단하고 우상을 숭배하며 번영을 꿈꾸었던 욕망을 버리자, 비로소 여호와 한 분을 위해서 자신들이 창조되었고 또 그분의 뜻을 따라 선택된 백성이 되었다는 사실을 깊이 깨닫게 되었기 때문입니다.

여러분의 삶은 어디를 향해 가고 있습니까? 하나님께서 여러분을 창조하고 구원하신 그 목적을 향해 가고 있습니까? 자기 아들을 십자가에 못 박아 죽기까지 내어 주신 하나님의 사랑이 여러분의 삶의 동기이며 목적이 되고 있습니까? 나 하나만 예수 그리스도를 믿고 올바로 사는 것에 만족하지 않고 모든 사람들이 하나님께로 돌아가야 한다는 절체절명의 요구가 여러분의 마음속에 있습니까? 이것이 바로 하나님을 향해 돌이킨 표입니다.

하나님의 사랑을 발견함

하나님의 말씀에 대한 새로운 깨달음과 영혼의 각성은 고통에 대한 새로운 해석을 가져다줍니다. 고통을 받을 때 모든 인간은 그 고통을 피하려고 합니다. 자신이 가진 모든 자원을 동원해서라도 이 고통에서 벗어나려고 몸부림칩니다. 그러다가 고통의 문제가 해결되면 스스로 옳다고 여기는 길을 계속 걸어갑니다. 그런데 아무리 몸부림쳐도 고통의 문제가 해결되지 않을 때가 있습니다. 이때에는 두 가지 가능성이 있습니다.

하나는 하나님을 원망하는 것입니다. 해결되지 않은 현실을 보면서 절망하고, 그 절망은 하나님을 향한 원망을 동반합니다. 그래서 마음은 더욱 완악해져서 결국에는 하나님을 대항하게 됩니다.

그리고 다른 하나는 고통의 문제를 해결하려고 몸부림치지만 그것이 불가능하다는 사실을 깨닫게 되었을 때 하나님과의 관계를 생각하는 것입니다. 하나님을 간절히 찾을 때 자신의 잘못을 보게 되고 그때 그는 회개하게 됩니다. 이렇게 마음을 하나님께로 향하고 하나님을 의지하게 되면 자신이 당하는 어떠한 고통도 하나님께서 자신에 대해 복수하는 것이라 생각하지 않습니다. 오히려 이 고통과 괴로움은 자신을 하나님께로 돌이키게 하기 위함이라는 사실을 깨닫게 됩니다. 징계의 고통이 크면 클수록 이 사랑이 얼마나 깊은지를 알게 되면서 자신을 아프게 하시는 하나님의 징계가 사실은 하나님의 핏빛 사랑임을 깨닫습니다. 그리고 자신의 이러한 죄 때문에 예수님께서 이 세상에 오셔서 십자가를 지셨다는 복음적인 사실을 발견합니다.

이처럼 회개하고 돌이키는 과정은 다시 하나님의 사랑을 발견하는 통로가 됩니다. 그래서 선지자는 말합니다. "여호와께서 우리를 찢으셨으나 도로 낫게 하실 것이요 우리를 치셨으나 싸매어 주실 것임이라 여호와께서 이틀 후에 우리를 살리시며 셋째 날에 우리를 일으키시리니 우리가 그의 앞에서 살리라"(호 6:1-2).

하나님께서는 병들어 누워 있는 자와 같은 우리를 다시 일으키실 것입니다. 마른 뼈와 같은 신앙을 가진 자들도 다시 새롭게 살리실 것입니다(겔 37:5). 그리하여 우리로 하여금 하나님 앞에서 살게 하실 것입니다. 그렇게 살도록 하나님께서는 우리를 이끄시고 고치시며 인도하십니다. 왜냐하면 하나님께서는 우리를 사랑하시기 때문입니다.

하나님께서는 부모처럼 우리를 긍휼히 여기십니다. 그래서 때로 자식이 올바른 길을 걸어가지 않으면 회초리로 때립니다. 책망하며 나무랍니다. 그러나 그렇다고 하여도 자녀를 향한 그 사랑은 끊을 수 없습니다. 그것은 운명과도 같습니다. "여인이 어찌 그 젖 먹는 자식을 잊겠으며 자기 태에서 난 아들을 긍휼히 여기지 않겠느냐 그들은 혹시 잊을지라도 나는 너를 잊지 아니할 것이라"(사 49:15).

하나님을 경험하는 삶

인생의 모든 문제가 하나님을 아는 것과 관련이 있습니다. 인생에서 고난과 시련을 만날 때, 하나님을 아는 지식이 적은 사람은 하나님을 원망하지만, 하나님을 아는 지식이 많은 사람은 마음이 가난해져서 하나님을 더욱 의지합니다. 그때 하나님께서는 우리의 마음을 녹이십니다. 우리의 고통스러운 상황을 통해서 하나님이 어떤 분이신지를 더 깊이 알게 하시고, 그 앎을 통해 문제를 해결할 수 있는 길을 보게 하십니다. 상황은 변한 것이 없는데 하나님이 어떤 분이신지를 깨닫고 나니 예전에는 보이지 않았던 길이 보이면서 내가 어디로 가야 할지 알게 되는 것입니다.

이처럼 하나님께서 우리의 인생을 바꾸시는 방법과 우리가 우리의 인생을 바꾸려는 방식은 현저히 다릅니다. 우리는 먼저 상황을 바꾸고 맨 마지막에 우리 자신을 바꾸려고 합니다. 경제적으로 어려운 사람들은 먼저 돈을 많이 갖게 되기를, 인간관계 때문에 괴로운 사람들은 나를 괴롭히는 사람들을 먼저 처리하기를, 몸이 아픈 사람들은 먼저 몸이 회복되기를, 혹은 이러저러하게 자신이 바라는 일들이 먼저 이루어져야 자신이 변할 수 있다고 생각합니다.

그러나 하나님께서는 우리와 다르십니다. 하나님께서는 우리가 이러저러한 것들을 구할 때 그것들보다는 자신을 먼저 바꾸라고 하십니다. 우리 자신이 바뀐 후에 상황을 변화시키십니다.

그래서 하나님이 어떠한 분이신지를 아는 것이 중요합니다. 하나님이 어떤 분이신지를 알아야 우리를 향한 하나님의 마음을 알게 되기 때문입니다. 그때에서야 우리는 하나님의 뜻대로 서 있지 못한 자신을 회개하며 이 상황을 통해서 하나님께로 돌아가게 됩니다.

그러므로 신앙에서 가장 중요한 것은 하나님을 경험하는 것입니다. 올바른 지식도 매우 중요하지만 올바른 지식만 있고 그 지식이 가르쳐 주는 하나님의 성품에 대한 경험이 없다면 그 지식은 우리 안에서 영향력 있게 유지되지 못합니다. 따라서 기독교 신앙의 생명력은 '경험'에 있습니다.

올바른 지식 위에서 하나님이 어떤 분이신지를 절실하게 경험하게 될 때, 그때 알게 된 하나님을 쉽게 놓지 않는 믿음이 생깁니다. 그래서 우리들이 온 마음을 다해서 간구해야 할 것은 하나님의 말씀이 전해질 때 성령의 큰 능력으로 우리가 믿는 신앙의 내용들이 경험되는 것입니다.

우리는 이 일을 위해 기도해야 합니다. 주님을 더욱 알기를 간절히 사모해야 합니다. 주님을 아는 자는 그분을 사랑할 수밖에 없게 되고, 주님을 사랑하는 자는 그분을 의지할 수밖에 없기 때문입니다.

한눈에 보는 11장 미끄러진 자를 돌이키심

하나님을 아는 지식을 버림
이스라엘 백성들이 멸망하게 된 가장 큰 이유는 그들이 하나님을 아는 지식을 버렸기 때문입니다. 하나님을 아는 이 지식은 이스라엘 백성을 다른 민족과 구별된 정신과 삶으로 하나님의 백성답게 만들어 주는 원동력입니다. 왜냐하면 하나님을 사랑하며 사는 삶을 가능하게 하는 궁극적인 힘이 하나님을 아는 지식이기 때문입니다.

얼굴을 찾을 때까지
하나님께서는 고난당한 이스라엘 백성이 당신의 얼굴을 찾을 때까지 기다리십니다. 하나님의 얼굴은 하나님의 임재를 상징하는 것으로, 이것은 인간의 진정한 행복이 무엇인지를 알려 줍니다. 인간의 진정한 행복은 하나님 안에 있습니다. 그것을 발견하는 사람은 하나님의 얼굴을 간절히 구하게 됩니다. 그때까지 하나님께서는 기다리겠다고 말씀하십니다.

다시 돌이키심
하나님의 얼굴을 간절히 구하는 하나님의 자녀를 하나님께서는 돌이키십니다. 이 돌이킴은 두 가지로 나타납니다. 첫째로, 신자로 하여금 회개를 결단케 하십니다. 둘째로, 하나님의 사랑을 발견하게 합니다. 하나님께로 돌이키는 과정은 하나님의 사랑을 발견하는 계기가 됩니다. 하나님께서는 죄악에 빠진 우리를 다시 돌이켜 고치실 것입니다. 다시 살아나게 하실 것입니다. 왜냐하면 하나님께서는 우리를 사랑하시기 때문입니다.

나눔 1. 호세아는 당시 이스라엘을 뒤집지 않은 전병과 같다고 말합니다. 세상적으로는 빈대떡의 아랫부분처럼 뜨거워서 새까맣게 타 버렸고, 신앙적으로는 익지 않은 날것과 같았기 때문입니다. 지금 우리의 사회가 그때와 닮아 있지 않습니까? 우리가 자신의 자리에서 이 시대를 위해 할 수 있는 일이 무엇일지 생각해 봅시다.

나눔 2. 하나님을 뜨겁게 사랑하는 성도와 그렇지 않은 성도의 차이는 하나님을 아는 지식에 달려 있습니다. 그렇다면 우리가 어떻게 하나님을 아는 지식을 증진시킬 수 있을까요? 또는 자신이 하나님을 아는 지식에서 자라간 경험이 있다면 나누어 봅시다.

나눔 3. 인생의 모든 문제가 하나님을 아는 것과 관련이 있습니다. 상황은 변한 것이 없는데 하나님이 어떤 분이신지를 깨닫고 나면 예전에는 보이지 않았던 길이 보이면서 내가 어디로 가야 할지 알게 되기 때문입니다. 하나님을 알게 됨으로써 자신의 문제가 해결의 길을 보았던 적이 있다면 나누어 봅시다.

4부
우리의 사랑이신
하나님

하나님은 사랑이십니다. 그리고 당신의 형상대로 인간을 사랑의 존재로 만드셨습니다. 이러한 사실에 대해 사도 요한은 다음과 같이 말합니다. "사랑하지 아니하는 자는 하나님을 알지 못하나니 이는 하나님은 사랑이심이라"(요일 4:8).

사랑의 존재로 창조되었기에, 인간은 무엇인가를 사랑할 수밖에 없습니다. 인간이 가진 애성(愛性)은 이 땅에 창조된 피조물 가운데 유일하게 인간에게만 부여된 것으로, 인간으로 하여금 참으로 인간 되게 하는 속성입니다. 그런데 문제는 인간이 하나님을 향해 발휘되어야 할 이 사랑의 성향을 하나님을 향해서가 아니라 사라져 갈 허탄한 것들을 향해 쏟으며 살고 있다는 것입니다.

인간이 하나님의 창조의 목적을 따라 살지 못하는 것은 하나님을 온전히 사랑하지 않기 때문입니다. 인간의 모든 불행은 참으로 사랑하여야 할 하나님 대신 하나님의 선(善)을 거부하는 자기를 사랑하는 데서 비롯됩니다. 그러므로 예수 그리스도의 십자가 대속을 통한 인간의 구원은 곧 '자기 사랑'으로부터의 구속이었습니다.

사랑하는 여러분! 우리가 모든 일에 성공하고 모든 것을 다 성취하였다고 할지라도, 하나님을 사랑함에 있어 실패하고 있다면 우리의 인생은 물론 우리의 존재 전부가 아무것도 아닙니다. 우리의 삶의 참된 만족은 하나님을 사랑하는 데서 옵니다. 맹수에게 쫓기던 짐승이 안전한 보금자리를 찾아 쉼을 얻듯이, 우리의 영혼은 우리를 사랑하시는 하나님의 품으로 돌아갔을 때 비로소 쉼을 누립니다. 그리고 그 사랑 안에 거할 때 우리는 창조 시에 부여된 인간의 영광을 회복하게 됩니다.

우리는 이 세상에서 수많은 어려운 일을 만납니다. 아무리 생각해 보아도 분명히 나쁘다고 생각할 수밖에 없는 일들이 우리에게 일어납니다. 심지어 하나님을 온전히 사랑하고 믿음으로 살고자 하는 사람들에게도 나쁜 일이 일어납니다. 그렇지만 분명한 사실 하나는, 하나님께서 나를 사랑하신다는 담대한 확신이 있다면 우리에게 일어나는 나쁜 일이 결코 우리를 나쁘게 하지 못할 것이라는 사실입니다. "우리가 알거니와 하나님을 사랑하는 자 곧 그의 뜻대로 부르심을 입은 자들에게는 모든 것이 합력하여 선을 이루느니라"(롬 8:28).

12장
끊을 수 없는 하나님의 사랑

내가 확신하노니 사망이나 생명이나 천사들이나 권세자들이나
현재 일이나 장래 일이나 능력이나 높음이나 깊음이나
다른 어떤 피조물이라도 우리를 우리 주 그리스도 예수 안에 있는
하나님의 사랑에서 끊을 수 없으리라

롬 8:38-39

확신하는 한 가지

사도 바울에게는 '확신하는 바'가 있었습니다(롬 8:38). 그것은 그 무엇도 그리스도인을 하나님의 사랑에서 끊을 수 없다는 것이었습니다. 만약 이러한 확신이 없다면 그리스도인의 삶이 예수님을 믿지 않는 사람들의 그것과 다를 바가 무엇이겠습니까? 형통한 일을 만나면 그저 즐거워하느라 하나님 생각할 겨를이 없고, 어려운 일을 만나면 '하나님이 나를 버리셨는가? 혹시 하나님이 안 계신 것이 아닌가?'라고 생각할 것이니 말입니다. 어떠한 경우에도 나를 향한 하나님의 사랑이 끊어지지 않을 것이라는 확신, 이러한 확신이 있을 때에야 우리는 이 세상 사람들과는 다른 방식의 삶을 살 수 있게 됩니다.

하나님의 사랑이 창세 전에 이미 나를 향해 예정되었습니다(엡 1:4). 그 사랑의 관계를 회복하기 위해 예수 그리스도께서 하늘 영광 버리고 이 세상에 오셔서 십자가에서 죽으셨습니다.

기독교의 유익은 이 확신 속에서 사는 데 있습니다. 아무리 하나님께서 승리를 위한 근거로 예수 그리스도의 십자가를 마련해 주셨다고 할지라도 개인적으로 그것을 깊이 확신하지 않으면 우리는 그 약속에 자신의 모든 것을 던질 수 없습니다. 그렇게 되면 이 세상이나 자기 자신을 이길 수 있는 힘을 하나님께로부터 공급받지 못합니다.

끊을 수 없는 사랑

물론 우리가 십자가의 구속의 은혜를 믿고, 전적으로 하나님의 사랑을 확신하며 그분만을 의지한다고 해서 우리의 인생길이 갑자기 꽃길로 변하는 것은 아닙니다.

그리스도인 앞에 펼쳐지는 삶의 현실은 냉혹합니다. 그래서 사도는 사망과 생명, 천사들과 권세자들(사탄의 세력), 현재 일과 장래 일, 능력, 높음(영적으로 충만한 상태), 깊음(영적으로 침체된 상태) 등에 대해 말합니다(롬 8:38-39). 이런 모든 것들을 우리가 경험한다는 것입니다.

우리가 비록 그리스도 안에 나타난 하나님의 의로 말미암아 구원을 받았고 하나님께서 자기의 아들을 아끼지 아니하시고 내어 주셨지만 우리는 여전히 이 세상에서 생명과 죽음을 경험합니다.

쇠잔해지는 육체 안에 죽음의 기운이 들어와 생명을 삼키려 합니다. 천사는 우리를 지키지만 사탄은 우리를 향해 도전하기를 멈추지 않습니다. 현재 일어나는 일들을 우리가 겪고 있지만 장래에 어떤 일을 만날지 모릅니다. 영적으로 충만하고 은혜 가운데 고양되어 있을 때도 있지만 침체에 빠져 깊음 속에 떨어지는 때도 있습니다. 날마다 우리는 우리의 약함을 봅니다.

우리는 그때마다 생각합니다. '아, 나의 인생은 이제 끝이구나!', '하나님께서 나를 버리셨구나.', '더 이상 나에게 희망은 없구나.', '하나님께서 이제 도와주지 않으실 건가?' 그러나 사도는 말합니다. "우리를 우리 주 그리스도 예수 안에 있는 하나님의 사랑에서 끊을 수 없으리라"(롬 8:39).

현실이 냉혹할지라도 지울 수 없는 분명한 사실이 있습니다. 그것은 바로 그 어떤 경우에도 하나님의 사랑은 끊어지지 않는다는 것입니다. 하나님께서 그리스도 안에서 우리를 사랑하는 그 사랑은 사망이나 생명, 천사나 사탄, 장래 일이나 현재 일, 높음이나 깊음 등에 의해서 끊어지지 않는다는 것입니다.

하나님과의 관계를 생각하라

신앙은 다른 각도에서 인생을 보게 만듭니다. 만약 우리가 행복과 불행을 외부적인 요인들에서만 찾는다면 하나님 없이 사는 사람들과 다를 바가 무엇입니까? 세상 사람은 이렇게 말합니다. "아, 나는 행복합니다. 오늘 먹을 것이 있고, 배가 불러서 행복합니다." 예수 믿는 사람은 이렇게 말합니다. "하나님께서 먹을 것을 주셔서 나는 행복합니다." '하나님' 이라는 단어만 하나 더 들어갔을 뿐입니다.

우리는 이 세상에서 생사간의 위기와 마귀의 도전, 현재 일어나는 일들과 장래 일의 불안, 영적인 호황이나 깊은 침체 등을 경험하면서 그 현실 너머에 있는 하나님과의 관계를 볼 수 있어야 합니다. '내게 왜 이 일이 일어났을까?', '하나님께서는 이 역경 속에서 내가 어떻게 반응하기를 바라실까?'를 생각하면서 하나님 앞에 회개하고, 새로운 마음으로 살아가야 합니다. 이것이 신앙이고, 이것이 바로 하나님을 따르는 신자의 삶입니다.

그렇게 되면 우리를 에워싸고 일어나는 모든 일들 곧 사망이나 생명, 천사들이나 사탄, 현재 일이나 장래 일, 영적인 호황의 때와 침체의 때 그 모든 것들은 우리로 하여금 끊임없이 하나님과의 관계를 생각하게 할 것입니다. 잘못 살았으면 잘못 살았기에 회개하고 하나님께로 돌아갈 것이며, 잘 살았으면 잘 살았기에 나 같은 인간에게 베풀어 주신 하나님의 은혜에 감사하면서 하나님을 더욱 사랑할 것입니다.

그래서 우리는 우리를 둘러싸고 일어나는 모든 일들을 통해서 하나님을 찬송하고 사랑하며, 자기를 반성하고 부인할 수 있는 용기를 얻게 됩니다. 그러면서 하나님과 우리 사이의 사랑의 진전을 이룹니다. 이런 사람들에게 하나님께서는 하늘을 열고 더욱 충만한 생명의 은혜를 부어 주십니다.

그 생명으로 살라

우리의 인생에 고난은 끝없이 찾아옵니다. 문제는 우리가 마주하는 모든 현실을 긍정적으로 생각하고 극복하며 살아갈 수 있게 만드는 자원이 우리에게 있느냐 하는 것입니다. 그 자원이 바로 예수님 안에 있는 하나님의 생명과 사랑입니다. 그 생명과 사랑을 충만히 누림으로써만 우리는 인생의 이 고통의 문제를 극복할 수 있습니다. 여전히 죄와 시련이 있지만 그것들을 이기고 극복할 수 있으며, 그 모든 것을 통해서 하나님께서 오히려 선한 것을 주실 것을 믿으며 살 수 있습니다.

생명이 얼마나 놀라운 것입니까? 생명은 끊임없이 자신의 삶을 살아가게 하는 힘입니다. 아이들이 학교에서 기분 나쁜 일을 경험하고, 남편은 직장에서 속상한 일을 경험하여 무거운 발걸음으로 집에 돌아왔습니다. 그런데 엄마가, 아내가 기쁨으로 가득 차 그들과 살아 있는 관계를 맺습니다. 그러면 그 생명의 기운이 그들에게까지 전달됩니다. 낮에 있었던 근심스럽고 고통스러운 기억은 사라지고 생명의 전달력이 느껴지는 것입니다.

그리스도인들은 생명의 전달력을 가진 사람들입니다. 낙심하고 좌절한 사람에게 진정으로 힘과 용기를 줄 수 있는 것은 무엇일까요? 얼마간의 돈이나 물질이 아닙니다. 하나님으로부터 비롯된 생명을 전달하는 것 그것이 최고의 선교입니다.

사망의 기운이 우리에게 있지만 생명은 사망보다 크고, 사탄이 우리를 위협하지만 천사들의 도움은 그보다 크고, 장래의 불안한 일들이 기다리고 있으나 현재 하나님께서 주시는 은혜는 그 모든 것을 압도합니다. 영혼의 침체에 빠지는 때가 있으나 거기에서 우리를 건져 회복으로 인도하시는 하나님의 은혜는 그보다 훨씬 더 큽니다. 더욱이 우리를 위해서 십자가에 못 박혀 죽으신 예수님께서 지금도 하나님의 보좌 우편에서 우리를 위해 기도하고 계십니다(롬 8:34). 그런데 그 무엇이 하나님의 이러한 사랑에서 우리를 끊어 놓을 수 있겠습니까?

그 사랑으로 이기라

만약에 우리가 혼자라면 환난을 당하는 것, 곤고한 일을 만나는 것, 박해를 받는 것, 기근과 적신, 위험과 칼의 시련을 어떻게 이길 수 있겠습니까?(롬 8:35) 이 중 어느 것도 만만한 것이 없습니다. 그러나 성경은 말합니다. "그러나 이 모든 일에 우리를 사랑하시는 이로 말미암아 우리가 넉넉히 이기느니라"(롬 8:37).

우리를 사랑하시는 이는 예수 그리스도입니다. 신자 앞에 놓인 현실은 만만치 않습니다. 그러나 우리를 사랑하시는 예수 그리스도로 인하여 우리는 이길 수 있습니다. 그래서 예수님께서는 "나의 사랑 안에 거하라"고 하십니다(요 15:9). 왜냐하면 이 모든 현실을 바꾸어 놓을 수 있는 놀라운 능력, 승리의 비결이 사랑에서 나오기 때문입니다. 결국 승리와 패배의 중요한 관건은 우리가 예수 그리스도와 어떠한 영적인 관계를 맺느냐에 달려 있음을 알 수 있습니다.

그 사랑의 힘으로 우리는 시련과 고난 속에서도 하나님을 부인하지 않을 수 있습니다. 오히려 고난을 이길 수 있는 생명의 능력을 주시는 분이 하나님 한 분뿐임을 알고 그분을 더욱 강하게 붙들게 됩니다. 왜냐하면 사랑은 관계를 맺게 하는 힘이기 때문입니다. 그래서 우리는 사랑이 있을 때 하나님을 더욱 알기를 원하고, 더 사랑하기를 원하고 그분께로 더 가까이 가고자 합니다. 그 사랑으로 다른 사람들을 돌아보면서 올바른 관계를 맺고, 우리가 싸워서 이길 수 없는 삶의 현실을 그분의 능력과 생명의 힘으로 이겨 냅니다. 이것이 진정한 사랑의 삶입니다.

죽음의 기운이 우리에게 이르고, 사탄이 우리를 향해 도전하고, 미래의 불안한 일들이 엄습합니다. 또한 영적인 침체와 낙심이 우리를 둘러쌉니다. 그러나 우리가 이런 것들을 경험한다고 해서 이것이 내가 하나님의 사랑으로부터 멀어졌다는 증거는 아닙니다. 더욱이 하나님께서 나를 버리셨다는 증거는 될 수 없습니다. 눈에 보이는 현실보다 더 분명한 사실이 있습니다. 그것은 그리스도께서 우리가 죄인 되었을 때에 우리를 위하여 십자가에서 죽으심으로 하나님의 사랑을 확증하셨다는 것입니다(롬 5:8). 불신앙의 눈으로 보면 우리를 둘러싼 대적들이 엄청나 보이지만 믿음의 눈으로 보면 그 대적을 에워싸고 있는 하나님의 군대들, 하나님의 놀라운 은혜의 능력을 보게 됩니다.

지금도 어떤 사람들은 실패하고 낙심합니다. 그러나 어떤 사람들은 승리하고 주님의 영광을 드러냅니다. 이 차이가 어디에서 옵니까? 사람들 안에서는 그 차이를 만들어 낸 원인을 발견할 수 없습니다. 그 능력의 비밀은 오직 우리 주 예수 안에 있는 하나님의 사랑밖에는 없습니다.

우리도 하나님을 사랑하며

우리는 실패와 좌절이 좋은 것이라고 한 번도 생각해 본 적이 없습니다. 우리는 늘 이기고 싶어 하고, 극복하고 싶어 합니다. 그런데 현실에서는 잘 되지 않습니다. 무엇 때문입니까? 잘못된 삶의 좌표, 어그러진 하나님과의 관계를 버려둔 채 승리만 하고 싶어 하기 때문입니다.

이것은 탐욕입니다. 하나님께서는 결코 그런 식으로 우리에게 승리를 주지 않으십니다. 혹시 그렇게 해서 승리를 얻었다면 그것은 진정한 승리가 아닙니다. 하나님을 사랑하지도 않는 사람들이 승리를 꿈꾼다면 그것은 누구를 위한 승리이겠습니까? 그래서 성경은 우리에게 먼저 하나님과의 관계를 바르게 하라고 촉구합니다.

성경은 우리에게 말합니다. 우리가 어떠한 위기와 난관 가운데 있더라도 우리를 향한 하나님의 사랑은 끊을 수 없다고 말입니다(롬 8:39).

그러나 이 사랑이 얼마나 위대한 힘이고, 능력인지를 우리가 경험적으로 알기 위해서는 주님께서 우리를 사랑하시는 것만으로는 충분하지 않습니다. 우리가 주님의 그 사랑을 확신하고 믿으며, 그 사랑을 붙들고 그 사랑에 어울리는 반응을 하면서 살아갈 때, 거기에서 승리하는 그리스도인의 삶을 향한 폭발적인 힘이 나옵니다. 하나님을 사랑하지 않을 때는 도저히 살 수 없을 것 같은 삶을, 혹은 받아들일 수 없을 것 같은 결정을 하나님 사랑으로 충만해지면 받아들이게 됩니다. 왜냐하면 하나님께서 우리를 사랑하시듯 우리도 하나님을 전심으로 사랑하기 때문입니다.

한눈에 보는 12장 끊을 수 없는 하나님의 사랑

우리를 사랑하시는 하나님

그리스도인 앞에 펼쳐지는 삶은 냉혹하기만 합니다. 하나님께서 자기의 아들을 아끼지 않고 내어 주셨지만 우리는 여전히 이 세상에서 우리의 인생이 끝난 것 같은 시련의 때를 만납니다. 그렇다고 하더라도 하나님의 사랑에서 우리를 끊을 수 있는 것은 아무것도 없습니다.

그 생명과 사랑으로

우리의 인생에 문제는 끝이 없습니다. 그렇지만 우리는 우리를 사랑하는 예수 그리스도로 인하여 이 현실을 이길 수 있습니다. 왜냐하면 이 현실을 바꾸어 놓을 수 있는 놀라운 능력, 승리의 비결이 하나님의 생명과 사랑에서 나오기 때문입니다. 결국 승리와 패배의 중요한 관건은 우리가 하나님과 어떠한 영적인 관계를 맺으며 사느냐에 달려 있습니다.

사랑의 힘으로

하나님과의 올바른 관계 안에서 살아가는 신자는 시련과 고난 속에서도 하나님을 부인하지 않습니다. 오히려 고난을 이길 힘이 그분께로부터 옴을 알기에 그분을 더욱 강하게 붙들게 됩니다. 왜냐하면 사랑은 관계를 맺게 하는 힘이기 때문입니다. 그 사랑으로 이길 수 없는 삶의 현실을 그분의 능력과 생명의 힘으로 이겨 냅니다. 이것이 진정한 사랑의 삶입니다.

나눔 1. 기독교의 유익은 하나님께서 나를 사랑하신다는 확신 속에서 사는 것입니다. 그러나 우리는 형통한 일을 만나면 그저 즐거워하느라 하나님 생각할 겨를이 없고, 어려운 일을 만나면 '하나님이 나를 버리셨는가?', '하나님이 안 계신 것이 아닌가?' 생각하기 쉽습니다. 그렇다면 어떻게 해야 우리가 어떠한 삶의 상황을 만나더라도 하나님께서 나를 사랑하신다는 사실에서 흔들리지 않을까요?

나눔 2. 그리스도인은 생명의 전달력을 가진 사람들입니다. 낙심하고 좌절한 사람에게 진정으로 힘과 용기를 줄 수 있는 것은 하나님께로부터 비롯된 생명입니다. 낙담 가운데 있을 때 다른 그리스도인으로부터 생명의 기운을 전달받고 새 힘을 얻은 적이 있다면 나누어 봅시다.

나눔 3. 하나님의 사랑은 위대한 힘이고, 놀라운 능력입니다. 그래서 하나님을 사랑하지 않을 때는 도저히 살 수 없을 것 같은 삶을, 혹은 받아들일 수 없을 것 같은 결정을 하나님 사랑으로 충만해지면 받아들이게 됩니다. 이전에는 할 수 없었는데 하나님을 사랑하기 때문에 순종을 결심한 삶의 영역이 있다면 나누어 봅시다.

하나님의 신실하심에 깊이 감동을 받은 예레미야 선지자는 "여호와는 나의 기업이시니 그러므로 내가 그를 바라리라"(애 3:24)고 고백합니다. 이스라엘 백성들이 가나안에 들어가서 차지한 땅이 그들의 '기업'이었습니다. 그런데 공교롭게도 선지자는 하나님께서 주신 그 땅을 모두 빼앗겨 버린 때에, 잃어버린 땅 위에서 자신의 또 다른 기업을 노래하고 있습니다. 그는 땅을 잃어버리고 나서야 자신이 진정으로 찾고 구해야 할 영구한 기업이 무엇인지를 깨달았습니다. 그것은 바로 하나님이었습니다.

13장
나의 기업이신 하나님

내 심령에 이르기를 여호와는 나의 기업이시니
그러므로 내가 그를 바라리라 하도다

애 3:24

무너진 예루살렘

예레미야애가는 '애가'(哀歌), 즉 '슬픈 노래'라는 뜻입니다. 주전 586년경에 바벨론의 군대가 쳐들어와서 유다를 멸망시키고 예루살렘 성전을 훼파하는 사건이 있었습니다. 이 사건이 있기 약 130여 년 전에 이미 북왕국 이스라엘은 망하였고, 이제 바벨론의 군대가 유다를 멸망시켰습니다. 한때 찬란한 영광으로 빛나던 예루살렘은 이방인들의 말발굽 아래 유린되고 파괴되었습니다. 그 비참의 때에 예레미야 선지자가 멸망당한 예루살렘 한가운데에서 눈물로 이 시를 쓰고 있습니다.

이스라엘 백성들에게는 강한 확신이 있었습니다. 자신들은 선택된 민족이기 때문에 결코 망하지 않을 것이며 힘든 일이 생기면 하나님께서 지켜 주실 것이라는 확신이었습니다.

그러나 예레미야의 예언처럼 예루살렘은 함락되었습니다. 바벨론 군대들이 쳐들어왔고, 성은 허물어졌으며 여기저기에서 불길이 치솟았습니다. 수많은 사람들이 죽임을 당하거나 이방 땅으로 사로잡혀 갔습니다. 사방에서 약탈이 일어났고, 거룩한 성전은 이방인들의 발자국으로 가득하였습니다.

이스라엘 백성들에게 예루살렘의 함락은 신앙적으로나 신학적으로 엄청난 충격이었습니다. 그리고 그 충격은 멸망을 예언하던 예레미야에게도 예외는 아니었습니다. 그렇기 때문에 그는 이렇게 말합니다. "내 고초와 재난 곧 쑥과 담즙을 기억하소서"(애 3:19). 여기에서 '재난' 이라고 번역된 말은 히브리어로 마루드(מָרוּד)인데 '방황'을 의미합니다. 그래서 어떤 영어 성경에서는 이 말을 'wandering' 이라고 번역하였습니다. 멸망당할 것을 예언한 선지자조차도 막상 그 현실에 부딪혔을 때 마음 깊은 곳에서 쓴물이 우러나오는 것 같은 고통을 받았을 뿐만 아니라 정신적으로도 큰 방황을 겪었습니다.

그것은 무엇에 대한 방황입니까? '하나님께서는 우리를 사랑하시는가?', '하나님께서 정말 우리와 함께하시는가?' 라는 사실에 회의가 일어났기 때문에 생긴 영혼의 방황이었습니다. 선지자는 예전에 명료하게 알던 하나님에 관한 지식, 하나님께서 이스라엘을 사랑하신다는 사실이 흐려짐을 경험하였습니다. 확고하던 그 지식이 더 이상 자신의 삶에 영향을 주지 못하는 상황이 되었습니다. 거기에서 하나님과의 영적인 단절도 경험하였습니다. 주님의 이름을 부르고 간절히 눈물로 매달리면서 인생의 골짜기를 지나왔던 신앙의 경험들은 모두 잊히고 끝없이 계속되는 커다란 고통과 시련 앞에서 내면에 쑥과 담즙이 솟아나는 것 같은 쓰디쓴 고통을 경험하였습니다.

하나님의 성품을 회상함

그래서 선지자는 낙심하였습니다(애 3:20). 탄식하면서 슬퍼하였습니다. 그러나 선지자는 심판을 당하여 폐허가 된 예루살렘 한가운데에서 이 뜻밖의 고백을 우리에게 들려줍니다. "여호와의 인자와 긍휼이 무궁하시므로 우리가 진멸되지 아니함이니이다 이것들이 아침마다 새로우니 주의 성실하심이 크시도소이다"(애 3:22-23).

선지자는 고초와 재난을 당하고 쑥과 담즙이 솟아나는 것 같은 내면의 고통을 맛보았습니다(애 3:19). 무너진 예루살렘, 훼파된 성전과 여기저기 뒹구는 사람들의 처참한 모습을 보면서 이스라엘 백성들의 죄악과 하나님의 심판을 생각하였습니다. 그리고 절망하였습니다.

그때 마음 깊은 곳에서 하나님의 성품을 생각하였습니다. "여호와의 인자와 긍휼이 무궁하시므로"(애 3:22). 그러자 이방의 적들이 칼과 창으로도 파괴할 수 없었던 그 무엇을 발견했습니다. 그것은 바로 하나님과 그 백성의 관계였습니다.

나라는 멸망하였고 수많은 사람들은 포로로 끌려갔습니다. 거룩한 성전은 훼파되고 여기저기서 울부짖음이 들려왔습니다. 그럼에도 불구하고 예레미야 선지자는 바벨론의 군대들이 빼앗아 갈 수 없는 그 무엇을 발견하였습니다. 그것은 바로 이스라엘과 하나님과의 관계였습니다. 자신들이 비록 징계를 당하고 고난과 시련을 경험한다고 하더라도 하나님이 우리의 하나님이시라는 사실과 자신들이 하나님께 사랑받는 언약의 백성이라는 사실은 그 무엇으로도 취소될 수 없었습니다.

신실하신 하나님

하나님께서 잘못한 이스라엘을 때리시는 것은 이 백성들과 맺은 관계를 계속 누리고 싶어 하는 갈망이 있었기 때문입니다. 이 심판은 이스라엘을 당신과의 관계로 다시 돌아오게 하기 위해서 하나님께서 주시는 징벌이었습니다. 이스라엘이 당한 징계와 환난은 큰 것이지만 이것은 하나님께서 화가 나서 그 백성들에게 복수하시는 것이 아니었습니다. 선지자는 이 징계를 통해서 이스라엘을 다시 하나님과의 관계로 부르고 계신 하나님을 바라보았습니다.

하나님께서 어째서 이스라엘을 버리지 않았습니까? 약속을 맺으셨기 때문입니다. 하나님께서 이스라엘 백성들을 애굽에서 이끌어 내실 때 "나는 너희 하나님이 되겠고 너희는 내 백성이 되리라"고 약속하셨습니다(렘 7:23).

이스라엘은 하나님을 떠났다가 돌아오고 돌아왔다가 떠났지만 하나님께서는 언제나 그 약속을 충실하게 지키면서 자신의 진실하신 성품을 보여주셨습니다. 이것이 하나님의 '성실하심' 입니다(애 3:23).

'성실하심' 이라는 말은 히브리어로 에무나(אֱמוּנָה)인데 '신실함' 을 의미합니다. 언약의 관계에서 내면의 진실함을 따라 행동하는 것이 바로 신실함입니다. 우리가 어떤 사람을 보고 "저 사람은 참 신실해."라고 말합니까? 다른 사람과 약속을 하면 정확하게 지키고 빌린 것은 제때 갚아 주는 사람, 지킬 수 없는 약속은 아예 하지 않고 자기 입으로 한 말은 손해가 날지라도 지키는 사람이 신실한 사람입니다.

이스라엘은 신실하지 못했지만 하나님께서는 이스라엘과 맺은 언약에 신실하셨습니다. 그래서 그 언약을 끝까지 붙드시고 그들과의 관계를 버리지 않으셨습니다. 예레미야 선지자는 지금 하나님의 신실하심을 바라보면서 감격하고 있는 것입니다.

하나님의 신실하심에 비하면 우리는 얼마나 신실하지 못합니까? 고난과 시련을 만날 때 우리의 마음속에는 강한 의문이 생깁니다. '하나님께서 정말 나를 사랑하시는 것일까?' 더 나아가서 '하나님께서 나를 이렇게 대하시는 것이 과연 옳은가?' 라는 회의가 듭니다. 그 회의가 깊어지면 '하나님께서 과연 살아 계시는 것일까?' 라는 하나님의 존재에 대한 의심이 일어납니다. 처음에는 사랑에 대한 회의, 그 다음에는 하나님에 대한 반역 그리고 결국은 무신론적인 의심이 일어납니다. 이것이 신실함을 잃어버린 하나님의 백성들 속에서 되풀이되는 유혹입니다.

기업 사상

하나님의 신실하심에 깊이 감동을 받은 선지자는 "여호와는 나의 기업이시니 그러므로 내가 그를 바라리라"고 노래합니다(애 3:24). 이스라엘 백성들이 가나안에 들어가서 차지한 땅이 그들의 '기업' 이었습니다. 그런데 공교롭게도 선지자는 주님께서 주신 그 땅을 모두 빼앗겨 버린 때에, 잃어버린 땅 위에서 자신의 또 다른 기업을 노래하고 있습니다. 그는 땅을 잃어버리고 나서야 자신이 진정으로 찾고 구해야 할 영구한 기업이 무엇인지를 깨달았습니다. 그것은 바로 하나님이었습니다.

성경을 읽으면서 '기업'이라는 말을 많이 접했을 것입니다. 이 기업이라는 단어는 성경에 나오는 단어 중에서 매우 의미 깊은 단어입니다. 이 단어를 깊이 이해하면 우리는 성경 전편(全篇)에 흩어져 있는 "하나님은 나의 기업이시라."라는 흔한 고백들 속에서 보석 같은 신앙을 발견하게 될 것입니다.

기업은 일차적으로 땅을 가리킵니다. 그렇지만 땅만을 의미하는 것은 아닙니다. 부모로부터 받은 유산과 유무형의 가치가 있는 명예나 재산, 지위 등을 모두 가리켜서 기업이라고 부릅니다. 그러나 성경에 기업이란 말이 풍부한 의미를 가지고 본격적으로 들어온 것은 이스라엘 백성들이 가나안 땅을 차지하고 나서부터입니다.

하나님께서는 아브라함을 이스라엘의 믿음의 조상으로 불러 주셨지만 아브라함과 이삭, 야곱과 요셉으로 이어지는 동안에는 그들에게 땅을 주시지 않았습니다. 하나님의 기업을 주시겠다는 약속은 이스라엘이 출애굽하여 광야 생활을 끝낸 후 가나안에 들어오면서 성취됩니다. 가나안 정복에 앞서 이스라엘 백성들은 땅을 놓고 제비를 뽑아서 그곳을 각자의 기업으로 삼았습니다. 그러므로 기업이라는 단어의 일차적인 의미는 땅입니다. 그 땅을 누리면서 살아가는 것이 곧 기업을 누리며 사는 삶입니다.

오늘날과 같은 산업 사회에서는 땅이 가치 있는 것이기는 하지만 치명적으로 중요한 것은 아닙니다. 농사를 짓지 않고도 잘 살 수 있고 땅이 없어도 이런 저런 산업에 종사하면서 살아갈 수 있기 때문입니다. 그러나 농경 사회에서 땅은 곧 생명이었습니다. 그 땅에서 농사를 지어서 자신과 가족, 자신의 후손들이 먹고 생명을 유지하였기 때문이었습니다.

그러므로 땅은 곧 생명의 근원이었습니다. 거기에 씨를 뿌려 얻은 수확으로 자신과 가족들이 먹고 살았습니다. 그리고 미래에 태어날 후손들도 그 땅을 기반으로 살아갈 것입니다. 그러니까 기업은 단순히 먹고 사는 데에 필요한 재산의 양태가 아니라 '생명'으로 보는 것이 성경적인 사상입니다.

이 사실을 바탕으로 생각한다면 성경에서의 "여호와는 나의 기업이시라."라는 고백은 굉장한 고백입니다. 단순히 "사랑합니다.", "고맙습니다.", "하나님은 제게 제일 소중한 분입니다."라는 일상적인 고백이 아닙니다. "여호와는 나의 기업이십니다."라는 고백은 다음의 내용이 담겨 있는 것입니다. "하나님 없는 저의 존재는 상상할 수도 없으며 하나님 없는 제 인생은 아무것도 아닙니다. 그리고 하나님께서는 저와 저의 모든 후손의 생명의 근원이십니다."

나의 기업이신 하나님

선지자의 처지를 보십시오. 주님이 나의 기업이라는 고백을 할 수 있는 상황이 아니었습니다. 나라는 빼앗겼고 도성은 짓밟혔습니다. 수많은 시체가 피투성이가 되어서 나뒹굴고 여기저기 울부짖음이 가득하였습니다. 곳곳이 불타고 있었습니다.

도대체 어디에서 하나님께서 기업이 되신다는 증거를 찾을 수 있습니까? 만약 이스라엘이 깃발을 높이 들고 파죽지세로 적군을 쳐부수고 영토를 넓히는 상황이었다면 이런 고백을 할 수도 있었을 것입니다. 그러나 눈을 들어 사방을 돌아보아도 하나님의 도움은 끊어진 것 같았습니다. 그런데도 선지자는 "여호와는 나의 기업이십니다."라며 감격하고 있습니다 (애 3:24).

성이 불탄 것도 사실이고, 동족이 죽임을 당하고 성전이 유린당한 것도 사실이었습니다. 그러나 눈물을 씻고 나니 보이는 것이 있었습니다. 그것은 바로 하나님께서 이스라엘 백성과 맺은 관계였습니다. 이방인의 말발굽이 짓밟아 버릴 수 없고 이방인의 군대들이 파멸시킬 수 없었던 한 가지가 있었으니, 여호와가 우리의 하나님이시며 나의 기업이시라는 사실이었습니다.

하나님께서 우리의 기업이라는 사상을 잘 보여주는 것이 탕자의 비유입니다(눅 15:11-32). 두 아들이 있었습니다. 큰아들은 아버지의 명령을 어기는 일 없이 착실하게 그저 농사를 지으면서 살았습니다. 그러나 둘째는 아버지의 유산을 강탈하다시피 해서 먼 나라로 떠났습니다. 그곳에서 유산을 허랑방탕하게 다 써 버리고 굶어 죽을 지경이 되니 아버지의 집으로 돌아왔습니다.

큰아들과 작은아들의 결정적인 차이는 여기에서 나다납니다. 둘째 아들은 굶어 죽을 지경에 이르러서 아버지의 집에서 풍족하게 지내는 품꾼들을 생각하였습니다. 그리고 품꾼들이 풍족하게 지낼 수 있었던 이유인 아버지의 인자하신 성품을 생각하였습니다. 품꾼들과 자비로운 관계를 맺고 그들이 행복하게 혜택을 누리면서 살아가게 하는 아버지의 성품에 대해 눈을 떴습니다.

생각이 거기에 미치자 자신이 예전에 얼마나 소중한 아들이었는지 생각났습니다. 품꾼과 비교되지 않을 정도의 놀라운 사랑의 관계를 가지고 있었음에도 불구하고 예전에는 그것을 몰랐습니다. 모든 것을 잃어버리고 난 다음에 아버지와의 관계 속에서 살아가는 그 행복과 기쁨을 깨달았습니다.

돼지 우리 안에서 통곡하며 우는 아들을 생각해 보십시오. 단지 먹을 것이 없어서 우는 것이 아닙니다. 모든 관계를 잃어버리고 외톨이가 되니 이전에 누렸던 아버지와의 사랑이 넘치는 관계가 떠올랐고 지금도 그 관계 안에서 풍족하게 지내는 품꾼들이 생각났습니다. 다시 그 관계 속으로 돌아가고 싶은 간절함이 이 아들로 하여금 통곡하게 만들었습니다.

그리고 아버지의 은총의 작은 빛이라도 받으면서 살면 좋겠다는 생각이 들었습니다. 그래서 아버지께로 돌아갈 결심을 하였습니다. 이것이 아버지가 자신의 기업이라는 깨달음입니다.

그러나 큰아들은 어떻습니까? 고단하게 일을 마치고 집으로 돌아오는 길에 잔치 소리가 들렸습니다. 그 소리는 자기 집에서 들렸습니다. 아버지의 유산을 빼앗다시피 해서 집을 떠난 동생이 거지꼴로 돌아왔다는 소식을 들었습니다. 동생이 돌아왔다는 것만으로도 화가 나는데 아버지가 그를 위하여 잔치를 베풀고 기뻐하신다는 말을 들었습니다.

그 말을 듣자 아버지에 대한 배신감과 서운함, 화가 치솟았습니다. 그래서 아버지에게 따졌습니다. "내가 여러 해 아버지를 섬겨 명을 어김이 없거늘 내게는 염소 새끼라도 주어 나와 내 벗으로 즐기게 하신 일이 없더니 아버지의 살림을 창녀들과 함께 삼켜 버린 이 아들이 돌아오매 이를 위하여 살진 송아지를 잡으셨나이다"(눅 15:29-30).

그러나 아버지의 대답이 뜻밖이었습니다. "얘 너는 항상 나와 함께 있으니"(눅 15:31).

작은아들은 아버지의 품 밖에 있었지만 아버지의 품을 사모했고, 큰아들은 아버지의 품 안에 있었으나 아버지와 누리는 사랑의 관계 대신 아버지가 베푸는 잔칫상을 부러워했습니다. 큰아들에게는 아버지와 함께 사는 것 자체가 행복이 아니었습니다. 아버지가 시키는 대로 일은 하였지만 한 번도 아버지가 있어서 기뻤다든지 아버지와 함께하여서 행복해 본 적은 없었던 것입니다.

그러나 아버지는 반대였습니다. 아버지는 아들과 함께 같은 집에서 동거하며 사는 것이 최고의 행복이며 기쁨이었습니다.

역사와 전통에 빛나는 교회 생활을 비판하는 이유가 무엇입니까? 교회에 잘 나오는 것을 비판하는 것입니까? 꾸준한 것이 얼마나 좋습니까? 그러나 꾸준한 것만 있고 하나님에 대한 진정한 사랑의 감격이 없다면 무슨 의미가 있습니까? 하나님만이 나의 진정한 행복이고 하나님께서 거기 계시기 때문에, 내가 그 하나님과 관계를 맺고 있기 때문에 행복하다는 고백이 신앙의 핵심입니다.

그런데 재미있는 것은 성경에는 "하나님은 나의 기업이시라."라는 고백도 많이 나오지만 동일하게 "이 땅에 있는 나의 백성들이 나의 기업이라."(사 19:25, 욜 3:2)라는 하나님의 말씀도 나온다는 것입니다. 우리가 하나님이 거기 계심으로 하나님과 관계를 맺고 살아간다는 사실 때문에 한없이 감격하듯이, 하나님께서도 구속받은 당신의 백성들로 인해서 기뻐하신다는 것입니다.

신앙의 진수는 나 같은 인간을 하나님께서 기업으로 여기고 사랑하신다는 사실을 깊이 깨닫고 나도 하나님을 기업으로 여기며 그 관계를 기뻐하는 것입니다.

하지만 우리의 신앙이 얼마나 보이는 것들에 의존해 있는지 살펴보십시오. 우리는 무엇 하나 자신이 원하는 대로 되지 않으면 하나님의 사랑을 의심합니다. 그리고 하나님과 누리던 행복감이나 기쁨들이 싸늘하게 식어 버리고 심지어는 하나님을 원망하기 시작합니다. 그러나 하나님께서는 우리를 당신의 기업으로 여기시고 그 기업을 끝까지 포기하지 않으십니다. 이것을 선지자가 찬송하고 있는 것입니다.

환경이 문제가 아니다

비가 오는 날이면 구름과 안개, 폭풍우 몰아치는 검은 먹구름이 하늘에 가득합니다. 그런데 그것들이 걷히고 나면 변함없이 태양은 빛납니다. 비행기를 타고 검은 구름을 뚫고 높은 상공으로 올라가 본 적이 있습니까? 땅에서는 장대비가 퍼붓고 먹구름으로 세상은 어둡습니다. 그러나 구름을 뚫고 어느 정도 위로 올라가면 찬란한 태양, 한 번도 빛을 잃어 본 적이 없는 찬란한 태양이 여전히 빛나고 있습니다. 마음이 상했습니까? 하나님께로부터 버림을 받았다고 생각합니까? 주님이 불공평하다고 생각됩니까? 이제는 희망이 없다고 생각됩니까? 지금 먹구름을 지나고 있습니다. 더 솟아올라 보십시오. 변함없이 거기 계시는 하나님을 만날 수 있습니다 (약 1:17).

여기에서 배우는 선명한 가르침은 하나님의 기업 되심으로 즐거워하는 것은 환경의 문제가 아니라는 것입니다. 우리의 신앙의 경험을 돌아봐도 그렇습니다. 우리가 잘 먹고 잘 살고 복 받을 때 하나님을 가장 사랑한 것은 아니었습니다. 인생의 막다른 길목에서 주님이 아니면 살 수 없는 절박한 상황, 재산도 명예도 잃어버린 때 혹은 사랑하는 사람과 이별할 때, 나의 친한 친구들이 나를 대적으로 삼을 때 오히려 하나님께 매달리며 그분을 더욱 사랑하였습니다. 환경이 문제가 아닙니다. 환경이 관련이 있기는 하겠지만 그것 하나에만 달린 것이 아닙니다. 관계의 문제이고 신앙의 문제입니다.

신자의 참된 행복이 어디에 있습니까? 환경을 능가하는 하나님의 하나님 되심, 하나님의 은혜 아래 나의 인생 전체가 있다는 사실을 아는 것, 그 하나님과의 관계 속에서 사는 것을 이 세상에서 잠시 낙을 누리는 것보다 훨씬 소중하게 생각하는 것이 하나님께서 기뻐하시는 믿음이고 신앙생활의 본질입니다. 그런데 어떻게 해서 환경을 능가하는 행복을 선지자가 느끼게 되었습니까? 그것은 주님의 인자하심과 긍휼이 무궁하고 그것을 통해 자신을 신실하게 대해 주셨다는 사실에 눈뜰 때입니다. 그때 환경을 뛰어넘는 감격 속에서 주님의 주님 되심을 찬송할 수 있습니다.

하나님께서는 여러분의 기업일 뿐만 아니라 여러분의 후손들에 이르기까지 영원한 기업이 되십니다. 이것은 원수도, 이 세상도 빼앗아 갈 수 없습니다. 하나님의 기업 되심으로 인해 한없이 기뻐하고 즐거워하십시오. 고난과 환난 속에서도 하나님의 ·인자하심과 긍휼에 소망을 걸고 그분을 바라보십시오. 신앙은 하나님께 소망을 두고 그분만을 바라보며 사는 것입니다.

한눈에 보는 13장 나의 기업이신 하나님

무너진 확신
이스라엘 백성들에게는 자신들은 선택된 민족이기 때문에 결코 망하지 않을 것이며, 하나님께서 언제나 지켜 주실 것이라는 강한 확신이 있었습니다. 그러나 바벨론에 의해 예루살렘은 무너졌고, 수많은 사람들이 죽임을 당하거나 이방 땅으로 포로로 끌려가게 되었습니다. 그때 그들은 엄청난 충격을 받았습니다.

하나님의 성품을 회상함
선지자도 낙심하였습니다. 내면에 쑥과 담즙이 솟아나는 것 같은 고통을 맛보았습니다. 그러나 마음 깊은 곳에서 하나님의 인자와 긍휼을 회상하자 소망이 생겨났습니다. 이 징계를 통해서 이스라엘을 다시 당신과의 관계로 부르고 계신 하나님을 바라보게 되었던 것입니다.

나의 영원하신 기업
예레미야 선지자는 하나님께서 이스라엘에게 기업으로 주신 땅을 모두 빼앗겨 버린 때에, 자신이 진정으로 찾고 구해야 할 영구한 기업이 무엇인지 눈뜨게 되었습니다. 그것은 바로 하나님이었습니다. 하나님은 나의 기업이라는 고백은 하나님만이 나의 진정한 행복이라는 말입니다. 하나님께서 거기 계시기 때문에, 내가 그 하나님과 관계를 맺고 있기 때문에 행복하다는 것입니다. 이처럼 신앙의 핵심은 하나님을 기업으로 여기며 그 관계를 기뻐하는 것입니다.

나눔 1. 예루살렘이 멸망하였을 때 이스라엘 사람들은 '하나님께서 우리를 사랑하시는가?', '하나님께서 정말 우리와 함께하시는가?' 라는 사실을 의심하였습니다. 우리도 그러한 때가 없습니까? 우리는 예상치 못한 큰 어려움을 만나면 이런 생각을 합니다. 그러한 경험이 있다면 나누어 보고, 어떻게 그러한 의심에서 벗어날 수 있었는지도 나누어 봅시다.

나눔 2. 누가복음에 나타난 탕자의 비유에서 둘째 아들이 돼지 우리에서 통곡한 이유는 단지 먹을 것이 없어서가 아니었습니다. 아버지와 누리던 사랑의 관계가 그리웠기 때문입니다. 이와 대조적으로 큰아들이 동생이 돌아왔을 때 화를 낸 것은 그에게는 아버지와의 관계 그 자체가 행복이 아니었기 때문입니다. 그에게는 아버지 덕에 누리는 혜택들이 기쁨이었습니다. 우리는 큰아들과 둘째 아들 중 누구를 더 닮아 있습니까?

나눔 3. 하나님의 신실하심에 깊이 감동받은 선지자는 "여호와는 나의 기업이시니 그러므로 내가 그를 바라리라"라고 말합니다. 선지자는 하나님께서 기업으로 주신 땅을 모두 빼앗겨 버린 때에, 잃어버린 땅 위에서 자신의 또 다른 기업을 노래하고 있습니다. 그것은 바로 하나님이었습니다. 우리에게도 이러한 고백이 있습니까? 자신에게 세상의 물질과 명예, 자신의 능력이 아니라 하나님을 기업으로 여기는 신앙의 고백이 있는지 돌아봅시다.

성도는 하나님께서 자신을 구원해 주신 목적을 이해하고, 일평생 하나님만을 섬기며 살아가는 사람입니다. 그렇게 인생을 살아가는 동안 시련도, 고난도 있을 것입니다. 그러나 이 세상에서의 성도의 삶은 끝이 있습니다. 분투하며 치열하게 살아야 하는 때가 지나면, 우리는 사랑과 생명과 기쁨의 그 나라에서 영원토록 살 것입니다.

14장
내가 가장 사랑하는 나라

내가 들으니 보좌에서 큰 음성이 나서 이르되 보라
하나님의 장막이 사람들과 함께 있으매 하나님이 그들과 함께 계시리니
그들은 하나님의 백성이 되고 하나님은 친히 그들과 함께 계셔서
모든 눈물을 그 눈에서 닦아 주시니 다시는 사망이 없고
애통하는 것이나 곡하는 것이나 아픈 것이 다시 있지 아니하리니
처음 것들이 다 지나갔음이러라

계 21:3-4

본향을 사모하며

믿음으로 산 사람도 죽고 불신앙으로 산 사람도 죽습니다. 여러분이 이 세상에서 얼마나 잘 먹고 좋은 집에서 살았느냐도 여러분의 인생과 함께 끝납니다. 언젠가 주님께서 부르실 때에 우리는 주님의 부르심을 거역할 수 없습니다. 우리의 인생의 계획이 무엇이었고, 무엇을 위해 수고하며 애썼는지와는 상관없이 모든 것을 놓아두고 주님 앞에 가야 합니다. 여러분 중에는 아무도 천만 원짜리 수의를 입고 있는 시신을 부러워해 본 사람이 없을 것입니다. 죽음과 함께 모든 것이 끝나는 것입니다.

그래서 우리가 이 세상에서 누리는 모든 영광이 하나님의 뜻을 이루는 도구로 쓰이지 않으면 그것은 모두 바람에 나는 겨와 같습니다(시 1:4, 사 40:6-7). 빈한 데 처할 때에도, 부한 데 처할 때에도 여러분의 인생이 하나님의 손에 붙잡혀 있었고, 여러분의 인생이 하나님의 뜻을 이루는 도구가 되었다면 죽음의 날에 다시 만날 하나님으로 인하여 가슴이 설렐 것입니다.

믿음의 선조들은 이 땅에서 나그네요, 외국인임이라 일컬음을 받는 것을 이상하게 여기지 않았습니다. 많은 재산과 수많은 소유를 가지고 있었지만 스스로 자기의 이름을 나그네라 하였습니다(창 23:4). 그렇게 말함으로써 자신들이 본향을 찾는 사람들임을 드러내고 싶어 했던 것입니다(히 11:13-14).

이 세상에 살면서 세상 사람들은 모르는 본향을 사모하며 사는 것은 믿음을 갖고 사는 사람들의 특권입니다. 하나님께서 예비하신 영원한 성을 소망하며 그 성을 바라보며 걸어가는 사람이 바로 성도입니다. 이 세상에서 낙심된 일을 만나도 하나님께서 예비하신 완전한 기업 속에 있는 안식과 축복을 바라보며 우리는 험악한 세상을 걸어갑니다.

죽음 이후의 인간

성경은 우리가 흔히 말하는 천국을 낙원과 천국으로 표현하고, 지옥을 음부와 지옥으로 말합니다. 신학적으로 자세히 설명하면 다음과 같습니다. 신자의 영혼은 죽는 순간 즉시 낙원에 이릅니다(눅 23:43). 그리고 불신자의 영혼은 죽는 즉시 음부에 이릅니다(눅 16:23). 그들은 각각 그곳에서 예수 그리스도께서 이 세상에 다시 오셔서 심판하실 때까지 기다립니다.

예수 그리스도께서 다시 오시는 날, 낙원에 있던 믿는 자의 영혼은 땅에 있던 육체와 결합하여 천국으로 들어가게 되고, 음부에 있던 믿지 않는 자의 영혼은 땅에 있던 육체와 결합하여 지옥으로 향합니다.

낙원과 천국, 음부와 지옥이 어떤 관계에 있는지는 정확히 알 수 없습니다. 그렇지만 성경의 분명한 가르침은 낙원은 천국과 연관되는 곳이고, 음부는 지옥과 연관된다는 것입니다. 그리하여 낙원에서도 천국의 기쁨을 누리게 되며, 음부에서도 지옥의 고통을 맛보게 됩니다.[30]

신자든지 불신자든지 모두 때가 되면 죽습니다. 그러나 죽음의 의미는 동일하지 않습니다. 불신자에게 죽음은 죄에 대한 형벌이지만, 신자에게 죽음은 그를 보다 더 행복한 상태로 이끌어 가기 위한 성화의 과정입니다. 이 세상에서 온전해지고자 애써도 온전해질 수 없었던 그 사람을 죽음의 때에 하나님께서 성화를 완성시키십니다. 그래서 영광스러운 나라에 들어가기에 적합하게끔 그를 변화시키십니다. 그러므로 성도는 죽음 이후 그 영광스러운 나라에서 주님과 대면하며 살아갈 날을 사모하며 살아야 할 것입니다.

본문에서 사도 요한은 그날에 이루어질 하나님의 나라가 어떠한지를 이렇게 묘사합니다. "모든 눈물을 그 눈에서 닦아 주시니 다시는 사망이 없고 애통하는 것이나 곡하는 것이나 아픈 것이 다시 있지 아니하리니"(계 21:4). 그 나라는 곧 위로와 영생, 기쁨과 해방이 있는 나라입니다.[31]

위로가 있는 나라

첫째로, 하늘나라는 위로가 있는 나라입니다(계 21:4). 우리가 이 세상을 살면서 얼마나 많은 눈물을 흘리는지 생각해 보십시오. 태어날 때부터 울면서 이 세상에 태어나고 마지막 죽을 때에도 비통한 울음 속에서 정든 세상을 등집니다. 인생의 모든 항로가 눈물을 뿌려 온 길이기 때문에 한 사람이 살아간 발자취는 그가 뿌린 눈물의 흔적으로 점철됩니다.

본문은 "하나님께서 우리의 모든 눈물을 닦아 주신다."라고 말씀하십니다(계 21:4). 우리는 눈물을 흘리면서 이 세상을 살아갑니다. 자신의 죄 때문에 아파하기도 하고, 이 땅에서 하나님의 나라가 이루어지기를 갈망하며 눈물을 흘리기도 합니다. 그러나 그뿐만이 아닙니다. 이 세상 사람들로부터 상처를 받아서 눈물을 흘리기도 하고, 두려움과 외로움 속에서 홀로 울기도 합니다. 사랑하는 사람들을 먼저 저 세상으로 떠나보내고 그에 대한 그리움 때문에 눈물을 흘리기도 하고, 만나는 고난과 괴로움으로 인하여 눈물을 흘리기도 합니다.

이 땅에서는 우리의 눈물을 닦아 줄 만한 사람이 없을 수도 있습니다. 또 사람들은 우리가 눈물을 흘리며 사는 줄을 알지 못하기도 합니다. 그러나 주님께서는 우리의 모든 눈물을 보고 계십니다. 그리고 닦아 주십니다. 이 땅에서도 닦아 주시지만 그 나라에 이르면 우리의 모든 눈물을 친히 닦아 주실 것입니다. 우리가 눈물 흘린 이유가 무엇이든지 간에 그 나라는 모든 슬픔이 끝나는 나라요, 예수님께서는 그곳에 들어온 성도들의 눈물을 닦아 주심으로써 그에게 위로를 베풀어 주시는 곳입니다. 예수님의 이 위로는 성도의 영원한 위로이고, 궁극적이며 최종적인 위로입니다.

영생이 있는 나라

둘째로, 하늘나라는 영생이 있는 나라입니다(계 21:4). 다시는 사망이 없는 곳입니다. 사랑하던 사람을 죽음 저편으로 보내 본 사람들은 죽음이 얼마나 고통스러운 일인지 압니다. 죽어간 자의 고통은 산 자의 눈물이 되어 마음을 에입니다. 우리가 아무리 성화되고, 주님의 형상을 온전히 닮아간다고 할지라도 사랑하는 사람을 죽음 저편으로 떠나보내는 고통과 슬픔을 완전히 종식시킬 수 없습니다.

그러나 하늘나라에서는 다시는 죽음으로 인해 우리가 사랑하는 사람들과 헤어질 일이 없습니다. 보고 싶은 사람들이 언제나 곁에 있고, 죽음이 우리를 다시는 갈라놓을 수 없는 그곳이 바로 하늘나라입니다. 죽음의 모든 권세가 그 나라에 미칠 수 없습니다. 오히려 그리스도 예수 안에 죽었던 사람들이 그곳에서 아름답고 영광스러운 모습이 되어 다시 만날 것입니다.

사랑하는 사람들과 헤어질 위협 없이 거룩하신 주님과 함께 교제하며 사랑하는 성도들과 하늘가족으로 살아가게 될 곳이 바로 하늘나라입니다. 거기에서 우리는 하나님께서 주시는 영원한 생명을 한량없이 누리며 사랑하는 사람들과 영원히 살아갈 것입니다.

기쁨이 있는 나라

셋째로, 하늘나라는 기쁨이 있는 곳입니다(계 21:4). 애통하는 것이나 곡하는 것이 없는 기쁨의 나라입니다.

기쁨, 희락, 환희, 감격 등의 단어를 우리는 오랫동안 잊고 살아왔습니다. 물론 주님을 의지하며 살아가는 성도의 삶에는 기쁨도 있고 은혜도 있습니다. 십자가의 사랑을 기뻐하던 때도 있고 행복한 시간도 있습니다.

그러나 이러한 기쁨은 이 세상에 사는 동안 항상 지속되지는 않습니다. 어느 순간 죄악이 여러분을 삼키고 영혼이 갈 길을 잃어버리게 되면 우리의 마음속에는 두려움이 깃들기 시작하고, 우울한 슬픔이 마음을 가득 채웁니다.

하지만 새 하늘과 새 땅에서 누리는 기쁨은 그 무엇에도 방해받지 않습니다. 정욕에 의해서도 감해지지 않으며 악한 영들에 의해 방해될 수 없는 완전한 기쁨입니다. 그 나라에서는 모든 사람들이 형언할 수 없는 찬란하고 거룩한 기쁨으로 마음이 가득 차게 됩니다. 그 기쁨은 날마다, 날마다 증대될 것입니다. 아침마다 새롭고 늘 새로운 하나님의 은혜와 기쁨 때문에 오늘의 행복이 어제의 행복과 비교되지 않을 것입니다.

우리는 그곳에서 하나님의 영광을 볼 것이며 어떤 식으로든지 하나님의 영광에 대한 우리의 지식은 깊이를 더해 갈 것입니다. 그렇기 때문에 우리의 기쁨도 매일매일 증폭될 것입니다.

해방이 있는 나라

넷째로, 하늘나라는 해방이 있는 나라입니다(계 21:4). 아픈 것이 다시 있지 않는 나라입니다.

어떤 목표를 가지고 살아가는 사람들에게 아프고 연약한 것들은 속박이고 구속이 아닐 수 없습니다. 새처럼 훨훨 날면서 자신의 모든 것을 펼치고자 하는 사람들에게 육체의 질병과 연약함이 어찌 고통이 아닐 수 있겠습니까? 나이가 들어갈수록 육체의 속박은 점점 더 강화되어 연약함의 노예가 되어 갑니다.

인간의 인생을 생각해 보십시오. 힘이 있을 때는 무지해서 하나님을 위해 살지 못하고, 지혜가 있을 때는 마음이 그것을 원하지 않아서 살지 못합니다. 이제 지혜도 있고 하나님의 뜻대로 살고 싶은 은혜도 있는데 육신이 연약해서 그렇게 살지 못하는 처지에 놓이게 됩니다. 하루하루 상한 갈대의 연약함을 꺾지 않으시고 꺼져 가는 등불을 끄지 않으시는 주님의 긍휼을 의지해서 살 수밖에 없는 존재임을 절감하게 됩니다(사 42:3). 그러나 하늘나라에는 아픈 것이 다시 있지 않는 나라입니다.

여기에서 우리는 하나의 지혜를 또 얻습니다. 오늘 하루 생명을 주셔서 살게 하신 주님께 감사하십시오. 단 하루도 그것을 당연하게 생각하지 마십시오. 하루가 밝으면 그것을 신비하게 여기고 그 하루를 마치 최후의 날인 것처럼 사십시오. 우리의 남은 날수를 우리는 알 수 없으며, 정해진 날 동안 우리가 강건하게 살지 연약하게 살지 알지 못하기 때문에 오늘 하루를 최선을 다해 살길 바랍니다.

그리스도께서 계신 나라

그러나 그 무엇보다도 하늘나라가 좋은 것은 바로 거기에 그리스도께서 계시기 때문입니다. 그래서 사도는 말합니다. "내가 들으니 보좌에서 큰 음성이 나서 이르되 보라 하나님의 장막이 사람들과 함께 있으매 하나님이 그들과 함께 계시리니 그들은 하나님의 백성이 되고 하나님은 친히 그들과 함께 계셔서"(계 21:3). 여기에서 '장막'은 육신의 존재를 가리키는 것으로 '하나님의 장막'은 곧 우리 주 예수 그리스도께서 육신을 입고 이 세상에 오신 것을 말합니다.

광야에 쳐졌던 장막은 얼마나 초라한 것이었습니까? 내부는 화려했을지 몰라도 겉모습은 오래된 해달의 가죽을 두른 초라한 텐트에 불과하였습니다. 그런데 그 초라한 텐트가 솔로몬의 성전에서 얼마나 아름답게 완성이 되었습니까?

예수님도 그러하셨습니다. 사람의 몸을 입고 이 세상에 오셨을 때는 천한 목수의 아들이셨습니다. 육신의 연약함까지 짊어지시고 멸시와 욕을 당하셨을 때 그분은 이 세상에 쳐진 낡고 초라한 텐트에 불과하였습니다.

하지만 우리는 하늘나라에서 예수님께서 얼마나 찬란한 영광을 지닌 분이신지를 보게 될 것입니다. 그때 우리는 비로소 사람의 몸을 입고 이 세상에 오신 예수 그리스도께서 얼마나 위대한 성자 하나님이신지를 알게 될 것입니다.

온 땅과 하늘 위에 뛰어나신 그리스도, 그분의 광채를 모든 천사와 사람들이 보게 될 것입니다. 그때 우리는 그리스도의 아름다움에 매료될 것입니다. 믿음은 모두 현실로 나타나고 소망은 성취될 것입니다. 그리고 사랑은 더 깊어질 것입니다. 그분의 아름다움을 목도한 자마다 그분을 더 열렬하게 사랑할 것이기 때문입니다.

성경 최대의 약속이 이루어지는 곳

더욱이 그곳은 성경 최대의 약속 곧 하나님께서 우리의 하나님이 되시며, 우리는 그분의 백성이 될 것이라는 약속이 온전히 이루어지는 곳입니다. 그곳에서 우리는 하나님의 천지 창조의 목적이 무엇인지를 확고하게 알게 될 것이며, 하나님의 형상을 따라 창조된 인간이 얼마나 존귀한 존재인지를 보게 될 것입니다.

그날에 우리는 천군천사와 함께 하나님을 찬양하며 경배할 것입니다. 그분의 피로 우리를 구속하신 우리 주 예수 그리스도의 은혜를 온 마음을 다하여 찬송할 것입니다. 고난 속에서 우리를 위로하시며 늘 우리와 함께 하셨던 성령님께 한없는 영광과 찬양을 올려 드릴 것입니다. 이 땅에서는 고난과 시련이 끝없지만 그 나라에서는 주님께 영광을 돌리는 사랑의 노래가 끊어지지 않을 것입니다.

우리는 그날을 고대하며 지금을 살아갑니다. 오늘 잠시 걷는 이 인생길에 눈물도 있고, 사망도 있고, 아픔도 있습니다. 그러나 이 모든 것을 소망 가운데 인내하면 영광스러운 기쁨의 날을 우리의 순례의 길 끝에서 만나게 될 것입니다. 이렇게 영광스러운 날이 우리 앞에 있기에 우리는 오늘이라 일컫는 이날을 주님을 위해 살아갈 수 있습니다.

그날을 기다리며

사도 요한은 자신을 이렇게 소개합니다. "나 요한은 너희 형제요 예수의 환난과 나라와 참음에 동참하는 자라"(계 1:9). 그가 이 세상에서 고난을 받고 밧모섬에 갇히게 된 것은 예수님의 환난과 나라와 참음에 동참하였기 때문이었습니다. 예수님을 위해 고난받은 사람들은 예수 그리스도께서 오시기를 사모하면서 사는 사람들입니다. 그렇기 때문에 예수님께서 "내가 진실로 속히 오리라"라고 하셨을 때 요한은 이렇게 대답합니다. "아멘 주 예수여 오시옵소서"(계 22:20).

예수님을 위해 살지 않는 사람들에게는 예수님께서 오시는 것이 두려움이 될 수 있습니다. 그러나 예수님이 삶의 이유이고, 예수님만을 위해 사는 사람들의 최대의 소망은 예수님께서 속히 오셔서 이 모든 세상을 친히 다스리시고 은혜를 베풀어 주시는 그 놀라운 때를 고대하는 것입니다. 그리하여 예수님께서 "내가 진실로 속히 오리라."라고 하셨을 때 요한의 가슴은 뛰었던 것입니다.

신앙의 출발도 중요하고 신앙에서의 업적도 중요합니다. 그러나 여러분, 그보다 더 중요한 것은 우리가 어떻게 죽느냐는 것입니다. 그리고 우리가 어떻게 죽느냐는 우리가 어떻게 사느냐에 달려 있습니다. 그래서 우리는 자신을 위해 살지 말고 주님을 위해 살아야 합니다. 주님과의 깊은 교제 속에서 매일매일을 살아야 합니다. 그러면 여러분의 삶은 향기로운 제물과 같이 하나님 앞에 드려질 것입니다.

한눈에 보는 14장 내가 가장 사랑하는 나라

본향을 사모하며
언젠가 주님께서 부르시면 우리는 주님의 부르심에 거역할 수 없습니다. 모든 것을 놓아두고 주님 앞에 가야 합니다. 불신자에게 죽음은 죄에 대한 형벌이지만 신자에게 죽음은 영광스러운 그 나라에 들어가는 관문과도 같습니다. 사도 요한은 그 나라가 어떤 나라인지를 다음 네 가지로 말합니다.

영광스러운 그 나라
첫째로, 그 나라는 위로가 있는 곳입니다. 우리가 이 땅에서 흘린 모든 눈물을 친히 주님께서 닦아 주시는, 모든 슬픔이 끝나는 곳입니다. 둘째로, 그 나라는 영생이 있는 곳입니다. 다시는 사랑하는 사람과 헤어질 위협이 없는, 다시는 사망이 없는 곳입니다. 셋째로, 그 나라는 기쁨이 있는 곳입니다. 그 나라에서는 모든 사람들이 형언할 수 없는 찬란하고 거룩한 기쁨을 매일매일 경험할 것입니다. 넷째로, 그 나라는 아픈 것이 다시 있지 않는 해방이 있는 나라입니다. 더 이상 사람들은 질병과 연약함으로 인해 얽매이지 않을 것입니다.

그러나 그 무엇보다도 그 나라가 좋은 것은 그곳에 그리스도께서 계시기 때문입니다. 우리는 그곳에서 예수님의 찬란한 영광을 볼 것이며, 우리 인생 굽이굽이 함께해 오신 예수님과 영원히 함께할 것입니다. 그곳에서 믿음은 모두 현실로 나타나고 소망은 성취될 것입니다. 그리고 사랑은 더 깊어질 것입니다. 예수님의 아름다움을 목도한 자마다 그분을 더 열렬하게 사랑할 것이기 때문입니다.

나눔 1. 우리가 이 세상에서 누리는 모든 영광은 그것이 하나님의 뜻을 이루는 도구로 쓰이지 않는다면 모두 바람에 나는 겨와 같습니다. 빈한 데 처할 때에도, 부한 데 처할 때에도 여러분의 인생이 하나님의 손에 붙잡혀 있고, 여러분의 인생이 하나님의 뜻을 이루는 도구가 되고 있다면 비참하지도 허망하지도 않을 것입니다. 지금 자신은 하나님의 뜻을 이루는 삶을 살고 있는지 돌아봅시다.

나눔 2. 하늘나라가 좋은 가장 큰 이유는 그날, 그곳에서 우리는 예수 그리스도를 만나게 될 것이기 때문입니다. 우리 인생의 마지막 날, 그곳에서 만날 그리스도로 인하여 설레는 마음이 우리에게 있는지 돌아봅시다. 만약 그러한 마음이 없다면 그 이유는 무엇일지 생각해 봅시다.

나눔 3. 이 책의 제목은 『내 인생의 목적, 하나님』입니다. 이 책을 읽는 동안 여러분의 인생의 목적이 하나님이 되셨습니까? 아직 아니라면 여러분의 인생의 목적은 무엇입니까? 지금 당신은 무엇을 향해 달려가고 있습니까?

마치는 글

하나님께로부터 왔기에 그분을 향하여 살아갑니다

봄이 되면 종종 산에 올라갑니다. 산에는 울창하고 거대한 나무들도 있지만 작은 풀들도 우리를 반깁니다. 이름도 알 수 없는 작은 풀에도 어김없이 꽃들이 매달려 자태를 뽐냅니다. 우리는 크고 화려한 꽃들뿐 아니라 작은 풀꽃들을 보면서도 하나님께서 창조하신 아름다운 세계에 감탄합니다.

그런데 어려서부터 궁금했던 것은 이것이었습니다. 일년 365일이 지나도록 아무도 찾아오지 않는 깊은 산속에도 사람들의 눈에 띄지 않게 피었다 지는 꽃들이 있을 것입니다. 아무도 찾지 않는 그곳에서, 아무도 알지 못하게 생겼다가 사라지는 그것들은 왜 창조된 것일까요? 누구도 본 적이 없는 깊은 바다 속의 생물들은 무엇을 위하여 존재하는 것일까요?

그러던 어느 해인가 제 마음의 눈이 열렸습니다. 아하! 이제까지 나의 관점이 너무 사람 중심이었구나! 사람의 눈에 띄지 않아서 감동을 주지 않으면 그것이 무슨 의미가 있을까라고 여긴 것이 얼마나 교만한 생각이었는지 깨닫게 되었습니다. 왜냐하면 보는 사람이 아무도 없을 때에도 하나님께서는 그 풀꽃 하나를 바라보고 계시기 때문입니다. 하나님께서는 깊은 바다 속의 생물을 대견하게 여기시며, 먼 우주에서 홀로 반짝이는 작은 별들도 기쁨으로 바라보십니다.

믿음으로 우리의 인생을 바라보면 우리에게 일어나는 모든 시련과 고통, 심지어는 형통함과 행복조차도 하나님의 뜻을 담지 않은 것은 아무것도 없습니다. 아들조차도 아낌없이 내어 주신 하나님께서 당신이 사랑하는 자녀에게 일어나는 일들에 어찌 당신의 뜻을 담지 않았겠습니까?
그러나 우리는 우리 앞에 전개되는 삶의 상황에 대해 그 원인과 결과를 정확하게 해석하고 이해할 수 없을 때가 있습니다. 만약에 그것들을 다

이해할 수 있다면 우리에게 신앙은 필요 없을 것입니다. 그래서 우리에게는 믿음이 필요합니다. 그것들을 이해하는 것보다 더 중요한 것은 우리의 모든 삶의 사태를 초월하여 여전히 온 땅과 하늘 위에서 이 모든 일을 주장하고 계신 하나님을 바라보는 것입니다. 이 세상에서 시련의 물결과 환난의 폭풍이 몰아칠 때 나의 인생이라는 쪽배는 뒤집힐 것 같지만 나의 인생이 주님의 손 안에 있고, 영원 전부터 영원 후까지 내 인생의 주인은 하나님이시라는 믿음이 필요합니다.

그러므로 "지존자의 오른손의 해(years)"(시 77:10)를 기억하십시오. 현실에 골몰하던 눈을 들어 지금까지 우리를 인도해 오신 하나님께로 시선을 옮기십시오. 인간사 모든 세월이 지존자의 오른손에 붙들려 있습니다. 하나님께서는 선택한 백성들을 그 손으로 붙드십니다. 이스라엘의 역사가 그러했고 우리의 인생도 그리했습니다.

　이러한 사실을 생각하면 우리 마음속의 모든 근심과 서러움, 두려움은 사라집니다. 이 세상의 요동치는 풍파 속에서 우리의 마음은 잠잠해지고, 우리가 바라보아야 할 분이 오직 우리 주님 한 분뿐이라는 사실에 가슴이 저밉니다.

　믿음은 요란한 신앙 행위가 아닙니다. 그분이 가장 선하신 분인 줄 알고 그분께 자신의 몸과 영혼, 자신의 모든 것을 인격적으로 의탁하는 것입니다. 기쁘고 즐거운 일, 우울하고 고통스러운 모든 일들을 경험하면서 그것으로 주님을 사랑하는 기회로 삼는 사람, 그가 바로 성도입니다.

주

1) Ignatius, *The Letters of St. Ignatius of Antioch*, in *The Fathers of the Church*, vol. 1, trans. Gerald G. Walsh (Washington, D. C.: The Catholic University of America Press, 1981), 109.
2) 하나님과 피조세계 사이에 존재하는 연속성과 불연속성에 대한 두 질문은 다음 도서를 참조하라. 김남준, 『구원과 하나님의 계획』 (서울: 부흥과개혁사, 2011), 21-22; 『영원 안에서 나를 찾다』 (서울: 포이에마, 2015), 31-33, 193-195.
3) 김남준, 『깊이 읽는 주기도문』 (서울: 생명의말씀사, 2014), 73-76.
4) 여기에 나오는 수치는 다음 도서를 참고하였다. 칼 세이건, 『코스모스』, 홍승수 역 (서울: 사이언스북스, 2004); Andrew Fraknoi, David Morrison, Sidney Wolff, 『우주로의 여행』, 윤홍식 외 역 (서울: 청범출판사, 1998).
5) 하나님께서 창조하신 우주의 거대함과 질서 정연함에 대한 자세한 설명은 다음 도서를 통해서도 알 수 있다. 김남준, 『깊이 읽는 주기도문』 (서울: 생명의말씀사, 2014), 44-46.
6) 인간 이성의 한원성에 대한 설명과 이와 관련한 사물의 존재 방식에 대한 내용은 다음 도서를 참조하라. 김남준, 『도덕적 통치』 (서울: 생명의말씀사, 2007), 185-186, 『깊이 읽는 주기도문』 (서울: 생명의말씀사, 2014), 40-43.
7) 체스터턴의 말은 다음 자료를 참고하였다. Gilbert K. Chesterton, *Orthodoxy* (New York: Image Books, 1990 reprint), 137.
8) 김남준, 『김남준 목사의 시편 23편 강해』 (서울: 생명의말씀사, 2007), 31-33.
9) 복음에 관한 더 자세한 내용은 다음 도서를 참조하라. 김남준, 『도덕적 통치』 (서울: 생명의말씀사, 2007), 173-178.
10) 김남준, 『김남준 목사의 시편 23편 강해』 (서울: 생명의말씀사, 2007), 41-45.
11) 김남준, 『도덕적 통치』 (서울: 생명의말씀사, 2007), 203.
12) 하나님의 창조 행위에 대한 논의는 다음 도서를 참조하라. 김남준, 『도덕적 통치』 (서울: 생명의말씀사, 2007), 67-71, 74-79; 『구원과 하나님의 계획』 (서울: 부흥과개혁사, 2011), 20-21.
13) 김남준, 『신학공부, 나는 이렇게 해왔다 1』 (서울: 생명의말씀사, 2016), 235.
14) 김남준, 『도덕적 통치』 (서울: 생명의말씀사, 2007), 145.

15) 더 자세한 사항은 다음 도서를 참조하라. 김남준, 『거룩한 삶의 실천을 위한 마음지킴』 (서울: 생명의말씀사, 2009), 25-39.
16) 김남준, 『교회와 그리스도의 남은 고난』 (서울: 생명의말씀사, 2015), 25-26; 『구원과 하나님의 계획』 (서울: 부흥과개혁사, 2011), 155-156.
17) 더 자세한 사항은 다음 도서를 참조하라. 김남준, 『구원과 하나님의 계획』 (서울: 부흥과개혁사, 2011), 138-139.
18) 그리스도의 속죄의 충족성은 다음을 참조하라. 김남준, 『구원과 하나님의 계획』 (서울: 부흥과개혁사, 2011), 160-161.
19) 김남준, 『구원과 하나님의 계획』 (서울: 부흥과개혁사, 2011), 156-157.
20) 김남준, 『교회와 그리스도의 남은 고난』 (서울: 생명의말씀사, 2015), 29.
21) 김남준, 『교회의 질서와 하나님의 통치』 (안양: 열린교회출판부, 2008), 65-69.
22) 김남준, 『구원과 하나님의 계획』 (서울: 부흥과개혁사, 2011), 319-320.
23) 김남준, 『구원과 하나님의 계획』 (서울: 부흥과개혁사, 2011), 258.
24) 교회의 머리 되신 그리스도와 교회의 완성에 대한 자세한 설명은 다음 도서를 참조하라. 김남준, 『세계와 그리스도의 머리 되심』 (안양: 열린교회출판부, 2014).
25) 더 자세한 사항은 다음 도서를 참조하라. 김남준, 『그리스도인의 아우라』 (안양: 열린교회출판부, 2015).
26) 김남준, 『김남준 목사의 시편 23편 강해』 (서울: 생명의말씀사, 2007), 280-281.
27) 김남준, 『교회와 그리스도의 남은 고난』 (서울: 생명의말씀사, 2015), 122-126.
28) Gordon D. Fee, *Paul's Letter to the Philippians*, in *The New International Commentary on the New Testament* (Grand Rapids: Wm. B. Eerdmans Publishing, 1995), 161-162.
29) R. Laird Harris, Gleason L. Archer, Jr., Bruce K. Waltke, eds. *Theological Wordbook of the Old Testament*, vol. 1 (Chicago: Moody Press, 1990), 366-367.
30) 죽음 이후의 인간에 대한 자세한 설명은 다음 도서를 참조하라. 김남준, 『구원과 하나님의 계획』 (서울: 부흥과 개혁사, 2011), 347-348.
31) 그 나라에 대한 자세한 설명은 다음 도서를 참조하라. 김남준, 『구원과 하나님의 계획』 (서울: 부흥과 개혁사, 2011), 349-361.

사명선언문

너희가 흠이 없고 순전하여……세상에서 그들 가운데 빛들로
나타내며 생명의 말씀을 밝혀 _ 빌 2:15-16

1. 생명을 담겠습니다
만드는 책에 주님 주신 생명을 담겠습니다.
그 책으로 복음을 선포하겠습니다.

2. 말씀을 밝히겠습니다
생명의 근본은 말씀입니다.
말씀을 밝혀 성도와 교회의 성장을 돕겠습니다.

3. 빛이 되겠습니다
시대와 영혼의 어두움을 밝혀 주님 앞으로 이끄는
빛이 되는 책을 만들겠습니다.

4. 순전히 행하겠습니다
책을 만들고 전하는 일과 경영하는 일에 부끄러움이 없는
정직함으로 행하겠습니다.

5. 끝까지 전파하겠습니다
모든 사람에게, 땅 끝까지, 주님 오시는 그날까지
복음을 전하는 사명을 다하겠습니다.

서점 안내

광화문점 서울시 종로구 새문안로 69 구세군회관 1층
02)737-2288 / 02)737-4623(F)

강남점 서울시 서초구 신반포로 177 반포쇼핑타운 3동 2층
02)595-1211 / 02)595-3549(F)

구로점 서울시 동작구 시흥대로 602, 3층 302호
02)858-8744 / 02)838-0653(F)

노원점 서울시 노원구 동일로 1366 삼봉빌딩 지하 1층
02)938-7979 / 02)3391-6169(F)

분당점 경기도 성남시 분당구 황새울로 315 대현빌딩 3층
031)707-5566 / 031)707-4999(F)

일산점 경기도 고양시 일산서구 중앙로 1391 레이크타운 지하 1층
031)916-8787 / 031)916-8788(F)

의정부점 경기도 의정부시 청사로47번길 12 성산타워 3층
031)845-0600 / 031)852-6930(F)

인터넷서점 www.lifebook.co.kr